Para

com votos de paz

/   /

EQUIPE DO PROJETO
MANOEL PHILOMENO DE MIRANDA

ATENDIMENTO FRATERNO

Salvador
11ª edição – 2024

COPYRIGHT ©(1998)
CENTRO ESPÍRITA CAMINHO DA REDENÇÃO
Rua Jayme Vieira Lima, 104
Pau da Lima, Salvador, BA.
CEP 412350-000
SITE: https://mansaodocaminho.com.br
EDIÇÃO: 11. ed. (7ª reimpressão) – 2024
TIRAGEM: 3.000 exemplares (milheiro: 64.800)
COORDENAÇÃO EDITORIAL
Lívia Maria C. Sousa

REVISÃO
Luciano Urpia
CAPA
Cláudio Urpia
EDITORAÇÃO ELETRÔNICA
Marcos Cosenza
MONTAGEM DE CAPA
Marcos Cosenza
COEDIÇÃO E PUBLICAÇÃO
Instituto Beneficente Boa Nova

PRODUÇÃO GRÁFICA
LIVRARIA ESPÍRITA ALVORADA EDITORA – LEAL
E-mail: editora.leal@cecr.com.br

DISTRIBUIÇÃO
INSTITUTO BENEFICENTE BOA NOVA
Av. Porto Ferreira, 1031, Parque Iracema. CEP 15809-020
Catanduva-SP.
Contatos: (17) 3531-4444 | (17) 99777-7413 (WhatsApp)
E-mail: boanova@boanova.net
Vendas on-line: https://www.livrarialeal.com.br

Dados Internacionais de Catalogação na Publicação (CIP)
(Catalogação na fonte)
BIBLIOTECA JOANNA DE ÂNGELIS

F825   FRANCO, Divaldo Pereira. (1927)

Atendimento fraterno. 11. ed. / Divaldo Pereira Franco [*et al.*]. Salvador: LEAL, 2024.
168 p.
ISBN: 978-85-8266-215-1

1. Espiritismo 2. Fraternidade 3. Projeto Manoel Philomeno de Miranda I. Franco, Divaldo II. Neves, João III. Calazans, Nilo IV. Ferraz, José V. Azevedo, Geraldo VI. Título

CDD: 133.93

Bibliotecária responsável: Maria Suely de Castro Martins – CRB-5/509

DIREITOS RESERVADOS: todos os direitos de reprodução, cópia, comunicação ao público e exploração econômica desta obra estão reservados, única e exclusivamente, para o Centro Espírita Caminho da Redenção. Proibida a sua reprodução parcial ou total, por qualquer meio, sem expressa autorização, nos termos da Lei 9.610/98.
Impresso no Brasil | Presita en Brazilo

SUMÁRIO

Uma nova edição revista e ampliada — 7
Terapia do Amor — 9
(Mensagem de Joanna de Ângelis)

Atendimento Fraterno — 13

1ª PARTE
ATENDIMENTO FRATERNO – TEORIA E PRÁTICA

1 Entrevista com Divaldo Franco — 19
2 Âmbito de ação — 43
3 Problemas de personalidade — 53
4 Perfil do atendente fraterno — 57
5 A ação do atendente fraterno — 61
6 As fases do atendimento — 79
7 O saber ouvir — 85
8 A empatia — 93
9 Recomendações práticas para os atendentes — 97
10 Estudos de casos — 107

2ª PARTE
A EXPERIÊNCIA DO CENTRO ESPÍRITA CAMINHO DA REDENÇÃO

11 A equipe	133
12 A dinâmica do atendimento	139
Apêndice – Regimento	151

UMA NOVA EDIÇÃO REVISTA E AMPLIADA

Tudo sofre o dinamismo das transformações. O livro também.

No caso particular desta obra, o que ora acrescentamos não é o novo, mas o que faz parte da obra, porém se encontrava dela separado, uma bela aula de Divaldo Franco, inspirado por Joanna de Ângelis, apresentando-nos uma tríade de características atitudinais, que deve estar presente na ação consoladora e de libertação desenvolvida pelo atendente fraterno.

Essa tríade – amizade, compaixão e libertação, com os desdobramentos que a compaixão assume, fraternidade, bondade e esclarecimento – representa a alma do Atendimento Fraterno, aparecendo nesta nova edição com um conteúdo de explicações de rara oportunidade, beleza e praticidade.

Uma inserção muito agradável é a palavra do Espírito Marco Prisco, que fomos buscar na mensagem "Escute ajudando", extraída da excelente obra *Legado kardequiano*, cujo conteúdo enriquece sobremaneira nosso singelo livro.

Uma novidade que esperamos seja de grande utilidade é a forma com que são apresentados os estudos de casos do capítulo 10. Lá exemplificamos a técnica do atendimento, após a narrativa de cada caso, sequenciando as quatro fases, conforme estabelecidas no capítulo seis – atender, responder, personalizar e orientar –, com o objetivo de ensejar uma compreensão melhor quanto à aplicação prática da proposta do conhecimento psicológico.

No mais são pequenas retificações e complementos que, não comprometendo as edições originais, estávamos devendo ao leitor, de modo a tornar a obra mais atraente e educativa.

A Equipe do Projeto Manoel Philomeno de Miranda

TERAPIA DO AMOR

As patologias da alma – violência, ódio, ciúme, ressentimento, amargura, suspeita, insatisfação, entre outras muitas – respondem por incontáveis aflições que aturdem o ser humano.

Alma encarnada, nela se encontram as matrizes do bem como do mal em que se compraz, dando campo ao seu desenvolvimento.

Como efeito, as alegrias e as dores que se exteriorizam somente podem ser erradicadas quando trabalhadas nas suas raízes causais.

Interpenetrando todas as células e assenhoreando-se dos equipamentos orgânicos, que passa a comandar, a alma ou Espírito encarnado imprime nos elementos físicos os conteúdos vibratórios que lhe são peculiares, característicos do seu estágio de evolução. Os sofrimentos humanos de qualquer tipo são manifestações dos distúrbios profundos que remanescem no ser espiritual, desarticulando os sensores emocionais e a harmonia vibratória que vige nas células, o que faculta a instalação das enfermidades.

O ser humano é, em qualquer situação, aquilo a que aspira, a irradiação do que sente, os interesses que cultiva.

Aferrado à conduta primitiva, reagindo mais por instinto do que agindo pela razão, permite que as deficiências internas se expressem em forma de problemas que se exteriorizam perturbadores.

O valioso contributo da Medicina acadêmica, quando não acompanhado por um bom relacionamento médico-paciente, resulta incompleto para atingir as causas excruciantes das doenças e angústias.

Certamente, na maioria das vezes, minora a dor, aparentemente a vencendo; mas, porque não alcança a alma enferma, eis que ela reaparece sob outras expressões, produzindo sofrimentos.

O conhecimento do ser imortal, da sua preexistência ao berço e sobrevivência ao túmulo, torna-se indispensável para qualquer cometimento terapêutico em relação aos problemas e dores humanos.

Por isso mesmo, a terapia do amor é de vital importância, envolvendo o paciente em confiança e ternura, ao mesmo tempo esclarecendo-o quanto à sua realidade e constituição espiritual.

O Atendimento Fraterno tem como objetivo primacial receber bem e orientar com segurança todos aqueles que o buscam.

Não se propõe a resolver os desafios nem as dificuldades, eliminar as doenças nem os sofrimentos, mas propor ao cliente os meios hábeis para a própria recuperação.

Apoiando-se nos postulados espíritas, o Atendimento Fraterno abre perspectivas novas e projeta luz naqueles que se debatem nos dédalos das aflições.

Mediante conversação agradável, evitando-se atitudes de confessionário, o atendente fraternal deve saber desviar os temas que incidem nos vícios da queixa, da lamentação, da autopunição, demonstrando que o momento de libertação e paz está chegando, mas a ação para o êxito depende do próprio paciente, que deve iniciar, a partir desse momento, o processo de autoterapia.

Concomitantemente, o atendente fraterno, em razão dos propósitos que persegue e das circunstâncias em que ocorre, faculta aos Espíritos nobres adequado socorro ao cliente, que deverá permanecer receptivo a isso.

Nessa ocasião, têm início a ação fluídica, o auxílio bioenergético, a inspiração, que lhe propiciarão a mudança de clima mental, de psicosfera habitual, facultando-lhe a transformação interior para melhor e a rearmonização da alma que interagirá na aparelhagem orgânica.

Preparar-se bem, psicológica e doutrinariamente, faz-se imprescindível para o desempenho correto do mister a que o atendente fraterno deseja dedicar-se.

Ao lado desses requisitos, cabe-lhe desenvolver o sentimento do amor, embora vigiando para evitar qualquer tipo de envolvimento emocional, jamais esquecendo a fraternidade gentil e caridosa como recurso hábil para a desincumbência da tarefa a que se propõe.

O atendimento fraterno na Casa Espírita é de vital importância, para que todo aquele que lhe busque a ajuda seja orientado com equilíbrio, guiando-o para o labor de autoiluminação.

Encontramos, neste livro, diretrizes sábias e cuidadosamente estabelecidas para um correto desempenho da atividade fraternal no atendimento aos necessitados e desconhecedores da Doutrina Espírita, oferecendo-lhes apoio e esclarecimentos lúcidos para o autodescobrimento, a autolibertação.

Confiamos que esta contribuição dos companheiros estudiosos que constituem o Projeto Manoel Philomeno de Miranda atinja a finalidade a que se destina, auxiliando os trabalhadores sinceros do Movimento Espírita, que se candidatam a ajudar na Instituição onde mourejam.

Salvador, 15 de dezembro de 1997.
Joanna de Ângelis

Página psicografada pelo médium Divaldo Pereira Franco na sessão mediúnica da noite de 15 de dezembro de 1997, no Centro Espírita Caminho da Redenção, em Salvador, Bahia.

ATENDIMENTO FRATERNO

Os braços da fraternidade jamais se cruzam. Em atitude gentil, permanecem abertos e acolhedores.
Sem a fraternidade, a cultura e a civilização perdem todas as conquistas adquiridas com sacrifício, para deixar que predominem o crime e a degradação.

A fraternidade une, consola e ajuda, cantando o hino de esperança que se fundirá no poema de amor universal.

Mediante a emoção fraternal, desatam-se os laços que prendem o ser humano à escravidão, ao servilismo, à indignidade.

Graças à sua presença, modificam-se o clima social, as condições morais e as circunstâncias perturbadoras.

Quando se apresenta, a agressividade e a violência cedem-lhe lugar, facultando que vicejem as flores da alegria, prenunciando paz.

A fraternidade propõe o comportamento afável, dilatando a compreensão dos deveres na arte e na ciência de ajudar.

Sob a sua inspiração, as criaturas se acercam e as diferenças fazem-se ultrapassadas, proporcionando campo para a união, o entendimento, o auxílio recíproco.

A fraternidade se doa, e nunca se impõe, vinculando uns aos outros, todos aqueles aos quais alcança.

Fraternidade é vida em abundância.

O Atendimento Fraterno é porta de serviço edificante aberta a todas as criaturas que perderam o rumo ou se perderam em si mesmas.

Ouve sem cansaço todos os problemas, com capacidade de entendimento e de tolerância.

Não se afadiga; nunca se exaspera.

Permite que cada qual viva conforme sua capacidade intelecto-moral; no entanto, propõe-se a ajudá-lo a ascender.

Não anui com aquele que erra; todavia, combate o erro.

Não se levanta contra o criminoso; antes, ampara-o, invectivando contra o crime.

O Atendimento Fraterno é campo de trabalho solidário entre quem pede e aquele que doa.

Graças a ele irmanam-se os indivíduos, compartem suas dores e repartem suas alegrias.

É da Lei que aquele que mais possui deve multiplicar os bens, repartindo-os com aqueloutros que sofrem carência.

Quem é portador de conhecimento ensina ao seu próximo ignorante; quanto dispõe em valores morais, coloca-os à disposição de quem rasteja nas paixões mais primárias...

O Atendimento Fraterno objetiva acender luz na treva, oferecendo roteiro no labirinto, proporcionar esperança no desencanto...

Felizes aqueles que se encontram a serviço da fraternidade, atendendo aos seus irmãos em sofrimento e contribuindo com segurança para a sua elevação.

Jesus foi o exemplo superior do atendente fraterno por excelência.

Não carregou o fardo das pessoas, porém ensinou-as, com o Seu sacrifício, a conduzirem os próprios grilhões, a que se prendem voluntariamente, para que os arrebentem no calvário da imolação.

Todos os Seus atos estiveram centrados no amor fraternal com que a todos se doou, ensinando que somente no serviço de abnegação o ser humano encontra a perfeição.

Abre-te, desse modo, ao atendimento fraterno, doando as tuas horas excedentes aos sofredores do caminho e auxiliando-os a entender o significado da vida e das existências corporais.

Não te escuses jamais, recordando-te d'Aquele que jamais se negou a ajudar.

Joanna de Ângelis

Mensagem psicografada em 9 de julho de 1997 pelo médium Divaldo Pereira Franco, no Centro Espírita Caminho da Redenção, em Salvador, Bahia.

1ª PARTE

ATENDIMENTO FRATERNO TEORIA E PRÁTICA

1
ENTREVISTA COM DIVALDO FRANCO

Hoje, teremos reunião especial. Os amigos do Projeto Manoel Philomeno de Miranda estão compondo um trabalho dedicado ao Atendimento Fraterno, baseado nos subsídios colhidos nas obras básicas da Codificação, nas reuniões mediúnicas e nas de autores encarnados, e tiveram uma feliz ideia de nos apresentar algumas questões, elencadas de forma ampla, que responderemos a fim de propiciar uma visão do que é Atendimento Fraterno, os desafios, as necessidades para quem não está informado a respeito.

Assim, passamos a palavra aos nossos entrevistadores, que se revezarão nas perguntas.

José Ferraz: – Qual a utilidade doutrinária do serviço de Atendimento Fraterno na Casa Espírita?

Divaldo: – Atender as pessoas, orientando-as quanto às possibilidades de que a Casa dispõe em forma de recursos que são colocados às ordens daqueles que vêm até o núcleo de iluminação espiritual, encaminhando os que têm problemas para receberem as respostas pertinentes às suas necessidades e, por fim, fazendo o trabalho educativo e fraternal de bem receber todos aqueles que batem às portas da Instituição Espírita.

João Neves: – É benéfico para as pessoas que recorrem à terapia dos passes serem, antes, assistidas e orientadas pelo atendente fraterno?

Divaldo: – O Atendimento Fraterno é uma psicoterapia que modifica a estrutura do problema no indivíduo que se acerca da Casa Espírita com ideias que não correspondem à realidade.

Pode-se dizer que, desse contato pessoal que antecipa o passe,[1] muitas vezes o cliente já se beneficia, sendo até mesmo desnecessária a aplicação da bioenergia.

Vivemos numa sociedade que padece conflitos psicossociais, socioeconômicos, comportamentais, cujos indivíduos têm necessidade de fazer catarse. Como o atendimento psicanalítico é muito prolongado, no Atendimento Fraterno o indivíduo tem a oportunidade de abrir a alma ao bom ouvinte, que pode orientá-lo com segurança e demitizar o significado do passe.

Como é natural, a desinformação atribui ao passe um caráter de natureza miraculosa, o que tem levado algumas pessoas menos esclarecidas a estabelecer o número deles para a solução de certos problemas, o que não deixa de ser um equívoco, porque se poderá aplicá-los em número infinito, e se o paciente não se transformar interiormente, de nada adiantará a terapêutica. Se ele não se abrir para assimilar as energias, faz-se semelhante a uma pedra granítica que, apesar de permanecer mergulhada

---

1. Essa orientação, que antecede o passe, pode ser feita também coletivamente. As reuniões de assistência espiritual compostas de prece, leitura, comentário, vibrações e passe têm essa finalidade (nota dos autores).

em águas abissais, por milhões de anos, ao ser arrebentada, encontra-se seca interiormente.

O Atendimento Fraterno visa a esclarecer a pessoa que vem buscar ajuda a respeito do que é o passe, quais são os seus limites, as suas possibilidades e prepará-la para receber essa assistência. Daí, não pode ser desvinculado um do outro serviço, a psicoterapia preventiva que antecede a terapia de profundidade, que é a bioenergética através dos passes.

José Ferraz: – Quais são os requisitos indispensáveis para que uma pessoa, na função de atendente fraterno, possa sintonizar com os bons Espíritos?

Divaldo: – A condição essencial é a boa moral. Do ponto de vista espiritista, o requisito moral do indivíduo é relevante, imprescindível. Utilizamo-nos de um brocardo popular: "Diz-me quem és, e eu te direi com quem andas; diz-me com quem andas, e eu te direi quem és".

Ir a Deus através da prece é outra condição, pois se abrem os canais psíquicos para uma perfeita sintonia com o Mundo espiritual que nos assiste no atendimento às criaturas da Terra.

Além desses caracteres essenciais, dos valores morais, é imprescindível o conhecimento da Doutrina Espírita.

Não se pode propiciar um bom Atendimento Fraterno na Casa Espírita sem que se conheça o Espiritismo, o que seria paradoxal, falando-se de uma coisa com a qual não se está identificado.

O conhecimento amplo da Doutrina Espírita é um requisito que tem caráter primacial, porque a pessoa falará a respeito daquilo que é a essência da Doutrina, a fim de que o cliente recém-chegado se inteire do que pode conseguir.

Um bom tato psicológico é necessário. A capacidade de saber ouvir é valiosa, porque o cliente, normalmente, quer falar. Na maioria das vezes, não deseja ouvir respostas, quer "desabafar", como muitos o afirmam, porque, na falta de uma resposta para o problema, ele necessita de alguém que o ouça. Então, o atendente deve ter esse tato psicológico para dar oportunidade ao visitante de liberar-se do conflito. Evitar, quanto possível, que ele fale de questões íntimas, de que se arrependerá depois, quando passar o problema.

O Atendimento Fraterno não é um confessionário. Como o próprio nome diz, é um encontro, no qual se atende fraternalmente àquele que tem qualquer tipo de carência.

Com tato psicológico pode-se desviar, no momento oportuno, de uma questão que seja inconveniente e interromper o cliente na hora própria, a fim de que não se alongue demasiadamente, gerando um "élan" de afinidades entre o terapeuta do atendimento e aquele que o busca, evitando produzir-se o que, às vezes, ocorre entre o psicoterapeuta convencional e o seu paciente.

O atendente fraterno deve manter-se em condição não preferencial por pessoas, numa *neutralidade dinâmica*, como diria Joanna de Ângelis, porque todos são iguais – diz a Justiça – perante a lei. A todos, então, que têm problemas e nos buscam deveremos atender com carinho, sem preferências, sem excepcionalidades e sem absorvermos o seu problema, para que ele não se torne um paciente nosso e não transfira todos os seus desafios para nossa residência. Não poucas vezes, ele perguntará: – *Quando eu tiver um problema posso telefonar-lhe?* – *Não* – será a resposta. – *Em casa eu tenho outros compromissos; você virá quando necessitar, aqui no Atendimento Fraterno.*

João Neves: – Pessoas há que, embora interessadas nas orientações do Atendimento Fraterno, estão tão presas às ideias fixas que dificultam a absorção da orientação. Como atendê-las, para ajudá-las a desviar essas fixações?

Divaldo: – Deixar, primeiro, que falem. O primeiro encontro é sempre muito difícil. A pessoa vem com muitas ideias que não correspondem à realidade; ou vem fascinada pela hipótese de ter o problema resolvido no primeiro encontro. Então acha que pelo fato de estar numa Casa Espírita, os seus problemas já não mais irão afligi-la.

Essa pessoa, no momento em que começa a falar, deveremos deixá-la expor a sua dificuldade por alguns instantes e, logo depois, interrompê-la, informando-lhe: – *Agora você vai me ouvir.*

Se a pessoa insistir, afirmaremos: – *Você não veio para me doutrinar, mas sim para pedir conselhos, que eu vou lhe dar. Agora vai depender de você aceitá-los ou não* – evitando, assim, que a pessoa transforme o Atendimento Fraterno num rosário de queixas. Poderemos dizer-lhe: – *Até aqui a sua vida foi dessa forma; neste momento, abre-se-lhe uma etapa nova. É necessário que você me ouça, para poder ver as possibilidades que estão ao seu alcance. Agora, pare e ouça as sugestões que tenho e que são induções simples.*

Joanna de Ângelis, a nossa mentora, diz o seguinte: *"Tudo começa no pensamento. Toda vez que um pensamento for perturbador, substitua-o por outro que seja positivo".*

Se a criatura disser: – *Mas, eu não posso...*

Responderemos: – *Você não quer, mas é quanto nós podemos dar; além disso não lhe prometemos nada. Não lhe oferecemos aquilo que não podemos dar, porquanto não estamos aqui para enganar as pessoas.*

Evitar-se, ao máximo, essas expressões de natureza *prodigiosa*, que martirizam o paciente, dando-lhe informações que ele não tem capacidade para digerir.

Diante de uma pergunta: – *Será que eu sou obsidiado?* – responda com honestidade: – *Não sei.*
– *Será que existem comigo obsessores?*
– *Eles só estão em contato conosco, porque estamos em sintonia com eles...*

Evite-se, tanto quanto possível, aumentar-lhe a carga de aflições com informações indevidas ou que não podem corresponder à realidade.

José Ferraz: – Os bons Espíritos ajudam as pessoas que buscam o Atendimento Fraterno? De que forma? Fale, particularmente, sobre a desobsessão em nossa Casa.

Divaldo: – Todo aquele que sobe um planalto, mesmo que não se dê conta, aspira oxigênio puro; quem desce ao vale, onde existem pântanos e matéria em decomposição, mesmo que o não perceba impregna-se de miasmas. A Casa Espírita é o planalto no qual podemos comungar com Deus. É o oásis refrescante na severidade adusta da terra sáfara. É a ilha generosa no oceano tumultuado das paixões. Quando alguém se adentra pela Casa Espírita – e aqui fazemos uma generalização, estendendo a qualquer templo de fé religiosa –, é amparado pelos Espíritos que têm ali a tarefa de preservar o nome de Deus, o Seu valor diante das almas e, no caso específico do Cristianismo, a presença de Jesus, que prometeu nunca nos deixar órfãos.

Quando chegamos à Casa Espírita, as Entidades benevolentes e caridosas dispõem de Espíritos outros que se encarregam de vigiar, de proteger o recinto humano e o espiritual. Fazem programas, utilizando-se de Entidades com capacidades magnéticas para impedir a entrada de outras, perturbadoras, obsessoras, assim também de pessoas que causam transtorno, tumulto e generalizam desequilíbrios, o que é patente em nossa Casa, como noutras congêneres.

A nossa Instituição tem as portas abertas a quem quer que seja, e todos somos testemunhas de que jamais aconteceu qualquer coisa desagradável, em face da massa que a frequenta, e que pode trazer psicopatas, dependentes químicos de drogas, de álcool, desajustados, porque as defesas magnéticas estabelecidas de alguma forma impedem-lhes a entrada, da mesma forma que as defesas espirituais impossibilitam a penetração de Espíritos perversos que, às vezes, estão acompanhando os seus *hospedeiros*. Eis por que aí já começa a desobsessão...

A presença dos bons Espíritos e o atendimento que fazem logo modificam a estrutura psíquica dos pacientes, afastando as Entidades malévolas que os irão aguardar à saída dessas defesas magnéticas.

Quando os visitantes saem tumultuados, ansiosos para voltar a casa e recuperam os pensamentos negativos com os quais vieram – e momentaneamente os deixaram, ouvindo a palestra ou recebendo a orientação –, volvem às viciações psíquicas e assim atraem, de retorno, os seus comparsas, prosseguindo o problema.

Essa é uma desobsessão coletiva.

Nas conferências, nas aulas, em quaisquer instruções edificantes, enquanto o público se concentra na proposta elevada, os bons Espíritos aplicam energias saudáveis, libertadoras, naqueles que estão vinculados à ideia superior, realizando, desse modo, igualmente, a terapêutica desobsessiva.

Em nossa Casa, em particular, e em outras, no sentido genérico, os benfeitores, ao verem o paciente que veio para o Atendimento Fraterno, observando a sua carência real, a sua angústia, a sua honesta necessidade de mudar, anotam quais os perseguidores que os afligem e trazem-nos, em particular e discretamente, nas sessões mediúnicas para tratamento desobsessivo.

Eles me apresentam verdadeiros *livros* em que registram os endereços das pessoas que pedem visitas e as fazem. Determinam Espíritos que acompanham aquelas que pediram socorro e que permanecem por longo período ao lado delas. Mesmo que qualquer uma mude de ideia, o seu acompanhante continua dando-lhe assistência até o momento em que o quadro se modifique.

Aquele Espírito assistente torna-se o comunicador das Entidades que mourejam na Casa Espírita e que passam a ter conhecimento de como vai o processo de recuperação do cliente, que antes veio pedir socorro.

Isso começa, portanto, quando nos adentramos na Casa Espírita ou noutro templo de fé, mais particularmente quando nos encontramos em Atendimento Fraterno, porque os bons Espíritos estão acompanhando-nos e, percebendo a gravidade, maior ou menor, de nosso problema, removem aqueles Espíritos perturbadores e os trazem à doutrinação.

Ocorre com muita frequência entre nós essa doutrinação sem a presença do paciente, o que é perfeitamente compreensível. Estar ali, participando, não é necessário para sua recuperação, impondo-lhe assistência à reunião mediúnica.

Desse modo, o Atendimento Fraterno também tem o caráter de desobsessão lúcida, porque o atendente funciona como *doutrinador*, e o paciente, como beneficiário.

João Neves: – Na sua experiência tão vasta de atendente fraterno, quais as causas preponderantes que desencadeiam as aflições humanas?

Divaldo: – "O egoísmo", essa seria a resposta de Allan Kardec.

O egoísmo é o câncer da sociedade, porque é ele que desencadeia outros distúrbios em nossa área espiritual. É o egoísmo que responde pela nossa agressividade, porque ele nos leva ao egocentrismo, ao direito de crer que somos o centro do Universo e de merecermos tudo e todos, tornando-nos soberbos. O ciúme também é causa infeliz, porque nos faz pensar que somos proprietários uns dos outros, dos objetos, das ocasiões e das circunstâncias; o ódio a todo aquele que não concorda conosco e nos agride é fator dissolvente e desprezível; a revolta e, consequentemente, a cólera fulminante, que abre espaço ao ódio, constituindo-se elemento pernicioso.

Graças a esses fatores, as enfermidades se nos alojam com mais facilidade, porquanto o egoísmo produz enzimas destrutivas que vêm perturbar o metabolismo e facultam campo para a instalação de doenças degenerativas. Ao mesmo tempo, torna-nos distônicos, e passamos a ter problemas psicológicos, abrindo ensejo para a vinculação com as Entidades perversas, malévolas, tendo início aí os processos de obsessão.

A Psiconeuroendocrinoimunologia identificou que possuímos na saliva uma enzima que protege o nosso organismo de infecções viróticas – a imunoglobulina.

O egoísta é introspectivo, apaixonado, indiferente aos problemas alheios. Produz toxinas que impedirão a fabricação da imunoglobulina, deixando-o à mercê das doenças.

Por isso, Jesus ofereceu como terapia fundamental o amor, porque, quando se ama, sai-se de si para poder tornar-se útil; o indivíduo esquece seus próprios problemas a fim de contribuir para a diminuição dos alheios.

Quando começamos a amar, a vida *iridesce* a paisagem, que se apresenta enriquecida, e as nossas pequenas dores tornam-se menores diante do volume de aflições que desgovernam o mundo.

Jesus sintetizou tudo isso de uma forma muito bela, quando os discípulos afirmaram que Ele sempre atendia as criaturas tomado por *compaixão*. Não esse sentimento de piedade vulgar, mas com a paixão de ternura, com o desejo veemente de modificar aquela situação. É esse sentimento de amor que ajuda e faz que se entesourem os recursos para diminuir os sofrimentos humanos.

José Ferraz: – Esta pergunta foi elaborada por Suely Caldas Schubert: *Como conduzir a orientação a uma pessoa que já tentou suicídio algumas vezes e persiste na mesma ideia? Deve-se, de alguma forma, dizer-lhe quais as consequências funestas do seu ato infeliz ou ser-lhe compreensivo e consolador?*

Divaldo: – A melhor maneira de consolar é advertir quanto aos riscos que advêm como consequências dos nossos atos impensados.

Consola-se, quando se esclarece.

A melhor forma de consolar alguém é arrancá-lo da ignorância, educá-lo.

Allan Kardec faz uma abordagem, em *O Livro dos Espíritos*, que é excelente, ao referir-se à tarefa da educação, elucidando que os males humanos decorrem da predominância dos instintos agressivos, que se sentem repelidos, como diria o psicanalista Alfred Adler, e devem ser superados através dos métodos morais disciplinadores.

Allan Kardec se reporta à educação moral. É necessário dizer ao paciente que ele tem o direito de interromper a vida física, mas que esse ato lhe trará tais e quais consequências inevitáveis.

Ele está sofrendo hoje angústia, desesperação, sente soledade, incompreensões, como colheita dos atos imprevidentes de ontem. Se complicar a atual existência com uma atitude de revolta contra Deus, a sociedade e a si mesmo, as suas penas e aflições serão muito maiores. É, portanto, perfeitamente lícito e necessário dizer-se com doçura, para não parecer que lhe estamos prometendo um castigo – como fazem algumas doutrinas do *Deus terror* –, que o agora é colheita de uma sementeira infeliz e que ele está tendo a opção de superar o drama em vez de entregar-se ao suicídio, uma opção cujas consequências serão muito mais funestas.

João Neves: – Diga-nos uma postura adequada a assumir diante das pessoas que se veem assinaladas por desvios da sexualidade, conflitadas com essa problemática.

Divaldo: – A postura da bondade, mas não da intimidade; compreensão, mas não conivência; espírito fraternal, mas sem estímulo ao prosseguimento do comportamento que não corresponde à ética estabelecida pela Doutrina Espírita.

O indivíduo tem o direito à sua sexualidade, pois tem o seu livre-arbítrio e este deve ser respeitado, desde que não incorra em contravenções, nem pode obrigar ninguém a concordar com ele ou exigir que estejam ao seu lado, a fim de que tenha uma escusa para continuar em algo vicioso, se for o caso.

A proposta da Doutrina Espírita é erguer, jamais a de contribuir para que se venha permanecer numa atitude cômoda, sem esforço, e de grandes prejuízos para o ser espiritual que somos, na jornada carnal em que estamos.

A continência, a fidelidade ao cônjuge, o respeito ao corpo, a dignidade perante a sociedade que não deve ser agredida mesmo que seja agressora são propostas da Doutrina Espírita sintetizadas na mensagem de Jesus: "Não fazer a outrem o que não gostaria que nos fizesse". Alguns indivíduos afirmam que tomam certas atitudes para agredir a sociedade porque – dizem – sentem-se por ela agredidos. Esses estão cometendo um grave erro, pois estão fazendo com os outros o que não gostariam que lhes fizessem. Assim, a melhor atitude para acabar com o erro é a conservação da virtude. O melhor caminho para fazer cessar a agressividade social é a paz de espírito, que luariza a violência e modifica a estrutura do agressor.

Seja qual for, portanto, o tipo de desvio do comportamento sexual, moral, ético, espiritual, que nos seja apresentado, a nossa atitude é terapêutica, sem conivência, repito, sem anuência, sem reproche, porque o indivíduo tem o direito de fazer da sua vida o que lhe aprouver, mas temos o dever de mostrar-lhe o caminho correto que deve seguir.

José Ferraz: – É recomendável sugerir tratamento médico ou psicológico para o atendido? Em que circunstâncias?

Divaldo: – Quando o paciente traz um problema na área da saúde, a primeira pergunta deve ser: – *Está recebendo assistência médica?* – porque o Espiritismo não é Doutrina que combate a Medicina, como muita gente pensa, e como durante um largo período os médicos supuseram, em face do comportamento irrelevante de alguns indivíduos que se diziam espíritas ou *curadores* e ficariam mais bem colocados como curandeiros.

Allan Kardec escreveu que: "O Espiritismo marcha ao lado do progresso, aceita tudo quanto ele comprova, mas não se detém onde a Ciência para, porque a Ciência estuda os efeitos, e o Espiritismo remonta às causas".[2]

A função do Espiritismo não é curar corpos, mas animar o homem, a fim de que se autocure espiritualmente, e a saúde seja-lhe uma consequência da própria transformação moral.

Daí, é perfeitamente válido, e mesmo compreensível, que o atendente pergunte: – *Tem recebido assistência médica?* – quando ele se encontre enfermo e dizer-lhe mais: – *Não abandone o seu médico, porque o Espiritismo o ajudará também, através dele, a resolver o problema.*

Nos casos de natureza psicológica, nos distúrbios comportamentais, nos transtornos neuróticos e psicóticos, é justo que se pergunte também: – *Já consultou o especialista?* – porque pessoas há que ficam muito magoadas quando falamos as palavras Psiquiatria e psicólogo.

Se ele indagar: – *De que especialidade?*

Responder-se-á: – *Do problema que o está afligindo: o psicólogo, o psicanalista, o psiquiatra* – porque hoje a Psiquiatria, a Psicologia e a Psicanálise não têm somente a exclusiva finalidade de tratar doentes, mas de evitar as doenças que lhes são pertinentes. Sendo possível, todos deveremos, periodicamente, consultar um psicólogo, um psiquiatra. Da mesma forma como realizamos um *check-up* para o organismo físico, deveríamos fazê-lo também para o comportamental, o psicológico, o psíquico, evitando determinados distúrbios que começam sutilmente e que se podem agravar, até mesmo na área da senilidade, quando ultrapassamos determinada faixa de idade.

---

2. **Obras póstumas**, cap. Ligeira Resposta aos Detratores do Espiritismo. **A Gênese**, cap. X, item 30.

Portanto, é válido que se sugira assistência médica, mesmo porque, em caso de agravamento do problema, ninguém pode culpar-nos de havermos negligenciado com os deveres da assistência especializada.

João Neves: – No Atendimento Fraterno, temos observado um medo acentuado nas criaturas humanas: medo de doença, medo da morte, medo de feitiço, medo de assumir compromissos mediúnicos em clima de respeitabilidade. Fale-nos um pouco sobre isso.

Divaldo: – A desinformação é inimiga do progresso. A desinformação é pior do que a ignorância total, porque a informação equivocada e a meia-verdade são mais perigosas do que a mentira. Infelizmente grassa, em nossos arraiais, esse comportamento. Existem aqueles que se comprazem em transformar a mediunidade em um instrumento divinatório. O fato de ser-se médium dar-lhe-ia o poder de saber tudo, de entender tudo e de resolver tudo. É uma meia-verdade. O médium, como o nome diz, é instrumento, aquele que se encontra no meio. Quando assimila a informação de que se faz objeto, torna-se instrumento lúcido; quando apenas transmite sem consciência, é instrumento automático que não lucra, que não se beneficia com a oportunidade de que desfruta.

Alguém, um dia, me disse: – *Conversando com Chico Xavier, notei que ele é muito culto, que fala escorreitamente, que não comete erros gramaticais nem prosódicos, e que tem informações muito seguras; no entanto, dizem que ele tem apenas o curso primário.*

Respondi-lhe: – *É verdade. Ele fez o curso primário dentro da proposta convencional, mas consideremos que, desde criança, ele dialoga com mestres, os Espíritos mais nobres que vêm à Terra, e não apenas se expressando na língua brasileira, porque viveram aqui no país, mas também Espíritos de escol nas áreas da Ciência, da Filosofia, das Artes... É toda uma existência de constante aprendizagem. Quando psicografa, filtra a mensagem dos Espíritos, depois a lê, a datilografa, relê, envia-a em livro, que termina por receber, voltando a inteirar-se do seu conteúdo. É natural que aprenda.*

Ele não pode ser tão rústico quanto nós. Se aprendemos o que os Espíritos escrevem por seu intermédio, lendo-lhe os livros, é óbvio que ele próprio, lendo-os muitas vezes, conhece-os mais do que nós. Ademais, ele interroga os autores, que lhe apresentam adenda, que lhe trazem esclarecimentos mais complexos e que lhe dizem coisas que não estão escritas. Desse modo, Chico Xavier não é somente uma pessoa bem-informada, é um sábio, porque oculta a sua sabedoria, evitando constranger a nossa ignorância.

É natural, portanto, que nesse trabalho do Atendimento Fraterno procuremos iluminar a própria consciência, quanto possível, oferecendo aos indivíduos uma visão qualitativa, principalmente do que a Doutrina Espírita é, do que lhes está reservado, para que, naturalmente, esclarecidos, mudem de comportamento para melhor.

Essa conquista iluminativa podemos haurir no estudo da Doutrina, na convivência com os bons Espíritos, nos diálogos que mantemos uns com os outros e, ademais, na sintonia permanente que deveremos preservar depois que o Atendimento Fraterno termina e vamos para casa.

José Ferraz: – Como conduzir a orientação para uma senhora casada que adulterou e arrependeu-se, no entanto o seu parceiro segue com a atitude persistente de dar continuidade à ligação irregular, inclusive a ameaçando de contar ao marido?

Divaldo: – Todos desfrutamos do direito de errar, mas temos o dever de recuperarmo-nos. Se a pessoa não teve resistências e assumiu um compromisso extraconjugal, ao despertar do problema, que tome a atitude rigorosa de interrompê-lo. O Evangelho fala com clareza que, *caindo em si*, Simão Pedro percebeu o grande erro de haver negado Jesus. Reabilitou-se, entregando-Lhe toda a vida; e *caindo em si*, Maria de Magdala identificou o abismo em que se encontrava, e ergueu-se, tornando-se a grande mensageira da ressurreição; e *caindo em si*, Judas não teve resistência, cometendo um crime pior: o suicídio...

A pessoa que *cai em si* deve assumir as consequências do seu ato e não voltar a tombar.

Não se trata de uma teoria, é uma terapia.

Se houver ameaça por parte do explorador, diga-se-lhe: – *Muito bem, que a cumpra* – e se fique em paz, evitando-se prosseguir na fossa da degradação, pois que o chantagista, além de venal, é perverso.

A mulher estava enganada e despertou, não mais entrando na sombra.

Nossos erros poderemos resgatá-los hoje, amanhã ou mais tarde, sempre é tempo de fazê-lo. Se o adúltero levar ao conhecimento do esposo, e ele cobrar, que ela tenha a lealdade de dizer: – *Infelizmente, é verdade, até determinado ponto; agora não é mais*. Tome ele a atitude que lhe convier, porque ela já tomou a sua: mudar de vida para melhor, com o direito de reabilitar-se.

Se o ofendido a abandonar, o problema agora será dele.

Porque se esteja sob ameaça, não é justo continuar corrompendo-se mais.

João Neves: – Como atender a uma pessoa que esteja no limiar entre a lucidez e o desequilíbrio? Têm acorrido à nossa Casa pessoas nas suas últimas resistências.

Divaldo: – Dizer que, quando queremos, podemos. Estimulá-la a mudar de paisagem mental. Todo aquele que está fraquejando emocionalmente fixa em demasia os seus conflitos, gerando uma psicosfera de autocompaixão. A autocompaixão é um dano tão grande quanto a indiferença de sentimentos, porque na autocomiseração o indivíduo somente vê a sua desgraça, e não a contribuição dos valores que estão ao seu alcance, aguardando-o.

Na área da Psicologia, fala-se que há uma tendência muito maior de conservar a tristeza do que a alegria, a dor ao invés do bem-estar. É um comportamento masoquista.

As nossas alegrias são muito rápidas e as nossas tristezas muito demoradas, porque nós gostamos mais da tristeza. As nossas alegrias parecem que não nos saciam e queremos mais. Determinada coisa de impacto ou de felicidade, algumas horas depois, já não nos preenche tão plenamente, mas uma contrariedade ou um insucesso marca-nos tão profundamente que ficamos a repeti-lo mentalmente, o que faz que se imprima cada vez mais em nosso inconsciente profundo.

Quando passarmos a coletar as alegrias e a não dar valor aos desconfortos, às vicissitudes, enfrentaremos os problemas com mais naturalidade. Achamos, porém, que vida feliz é a daquele que tem dinheiro, que vive o prazer. Isto, no entanto, é uma vida sensualista, no sentido de gozo incessante.

Na hora em que compreendermos que gozo não é felicidade e que prazer é uma questão que diz respeito às sensações, sendo felicidade aquilo que afeta as emoções profundas, encararemos as vicissitudes como *acidentes de percurso*, porque a nossa meta é a plenitude.

Marcam-nos mais a tragédia, o sofrimento, do que a felicidade e a harmonia. Observe-se que o indivíduo, portador de uma vida extraordinariamente correta, ao cometer um erro, isso é o que passa a ressaltar nele a partir daí. Um grande cantor, como Pavarotti, ou outros, amados no mundo inteiro, se um dia, num concerto, criaturas humanas que são, tiverem qualquer distúrbio de voz, um erro de compasso, a nota não alcançada, perdem todo o valor, como se eles fossem robôs sem direito de se permitirem fragilidades. Assim, também, todos somos medidos, não pelas nossas virtudes, mas pelos nossos erros.

A imprensa – a mídia – vive disso, porque raramente se apoia nas ocorrências felizes, sustentando-se com a divulgação das questões que corrompem o coração.

Temos que dizer à pessoa: – *Você está no limiar, o que é bom, porque ainda não caiu. Você se encontra no mínimo das suas reservas, o que é muito bom sinal, ainda tem reservas; considere aquele que já tombou...*

Joanna de Ângelis sempre me diz: "Quando vires alguém com os pés sujos de lama, não acuse o descuidado, pois que ele acaba de sair do pântano. Preocupa-te com aqueles que têm os pés limpos, correndo o perigo de se adentrarem nele e enfrentarem dificuldades para sair".

Então, digamos a essa pessoa: – *Você está quase entrando no pântano. Está na hora de recuar.*

Caso a pessoa retruque: – *Ah, mas eu não tenho forças* –, nós lhe diremos: – *Se as não tivesse não estaria aqui, e a prova de que você tem forças é o desejo que demonstra de continuar caminhando. Já orou?* – o que é diferente de rezar.

– *Já se abriu a Deus? Diga-Lhe: "Agora, meu Pai, conto com a Tua parte".*

Particularmente, procuro fazer o que me é possível para me desincumbir das tarefas. Chega o momento em que eu digo: – *Agora, meu Senhor, é com o Senhor, porque a minha parte já fiz* – e tiro da cabeça o problema. Se Ele não o resolver, é porque não deveria ser resolvido. Não vejo motivo para me amargurar. Lembro-me do Abade Pierre – o que fundou as Comunidades de Emaús –, que elegeu o seguinte *slogan*: "Eu sempre pensava, nas horas de perigo e de problemas, que, chamando por Deus e Ele ouvindo, ia chegar cinco minutos depois da tragédia. Mas sempre que passava o desafio, dava-me conta de que Deus chegava, pontualmente, cinco minutos antes".

Digamos a essa pessoa: – *Chame por Deus! Vá para a casa pensando que tudo vai dar certo, e se não der de imediato, continue pensando que irá acontecer, porque sempre há uma nova oportunidade.*

Certa feita, atendi uma paciente que me disse: – *Senhor Divaldo, a pior coisa que me poderia acontecer era morrer, e eu acho que vou morrer!*

Respondi-lhe: – *Aleluia! Felicidade para você. Imagine se você fosse eterna nesse corpo... Claro que você vai morrer, vai se libertar desse corpo, qual ocorrerá comigo e com todos. É a melhor coisa que lhe vai acontecer. Agora, a pior coisa que nos pode acontecer é matar alguém, porque é crime. Mas você morrer é perfeitamente normal.*

A pessoa redarguiu: – *Sabe que eu não tinha pensado nisso?!*

E concluí: – *Está na hora de começar a pensar.*

José Ferraz: – Deve-se atender pessoas alcoolizadas, drogadas ou em desequilíbrio mental? Como proceder nesses casos?

Divaldo: – Não se deve atender tais casos nessas circunstâncias. A pessoa não tem como absorver respostas. Deve-se dialogar com a família, oferecer ao familiar acompanhante as técnicas de como conduzir o paciente e, quando ele estiver em condições de ouvir, que venha ao diálogo, porque no estado de consciência alterado por drogas, álcool ou por alucinações outras, ele não tem a menor possibilidade de assimilar palavras ou energia, ou alguma proposta terapêutica, mas o acompanhante, sim.

Normalmente, nesses casos, digo: – *Gostaria de falar com uma pessoa da família, para que ela oriente o enfermo, porque o contato conosco será breve, mas no lar se fará demorado.*

Então é necessário instruir o familiar, a fim de que possa ministrar a orientação, prolongando-a.

João Neves: – O Atendimento Fraterno é uma relação de ajuda que está presente em todas as atividades da vida. Na família, na rua, no trabalho. Fale-nos alguma coisa que seja do interesse geral, e aproveite para concluir este trabalho, porque esta é a última questão.

Divaldo: – Somos modelos, queiramos ou não. Todos somos exemplos uns para os outros. Nossos pensamentos, palavras e atos são mensagens que dirigimos e que são captados por aqueles que se encontram na mesma faixa mental, atraindo-os. "O nosso pensamento é um dínamo gerador de forças" – disse-nos Joanna de Ângelis, ontem à noite, em uma mensagem psicográfica. De acordo com o teor ou a qualidade da sua mensagem, produz asas que nos alçam ao infinito ou pesos que nos chumbam às paixões.

O Atendimento Fraterno é uma área de semeação, uma atitude perante a vida. Estamos sempre oferecendo mensagens de alegria ou de tristeza. Essas mensagens podem tornar-se verbais, depois de mentalizadas; podem ser de movimentos, de postura e de interesses outros.

É necessário compreender que estamos no mundo para nos desincumbir de uma tarefa essencial, que é a construção de uma nova sociedade, a qual será resultado da edificação de nós próprios no nosso mundo íntimo.

É muito comum aqueles que amam terem o cuidado de não transmitir suas aflições às pessoas queridas, porque compreendem que no Atendimento Fraterno, nesse intercâmbio amigo, as vibrações irão encharcar ou aliviar aquele que tem facilidade de captá-las.

Estamos na Terra para este mister: ajudar, e é por isso que o Centro Espírita, utilizando-se desse inter-relacionamento pessoal, elege pessoas credenciadas, para que, tecnicamente, apliquem o Atendimento Fraterno de maneira edificante.

Somos mensagens vivas, transparentes; estamos sempre emitindo ondas e captando-as, porque somos antenas transceptoras. De acordo com o tipo de mensagem que emitirmos, receberemos resposta idêntica, sendo por essa razão que o Evangelho nos adverte: "Vigiar e orar para não cair em tentação". Vigiar é pôr-se numa atitude positiva, dinâmica, de construção do bem dentro de si mesmo. Não se trata de uma conduta mística, alienada, que não seja compatível com o progresso da cultura nem da civilização hodiernas. Orar não é estar a repetir palavras, porém a agir.

Alguém reage contra mim, problema dele; quando eu reajo contra alguém, problema meu. Então, teremos a capacidade de agir, porque somos seres que raciocinamos;

e toda vez que reagimos, voltamos à faixa do instinto agressivo. Só reagimos porque nos sentimos feridos, magoados, egoisticamente alcançados. Quando agimos, realizamo-nos, porque, mesmo diante do malfeitor, daquele que nos agride, assumimos uma postura de paz, sabendo que a nossa mensagem vai fecundar...

— *Mulher, ninguém te condenou?* — perguntou Jesus àquela que foi surpreendida em adultério e levada à praça pública.

Ela, olhando em derredor, deu-se conta de que já não havia ali nenhum dos acusadores, que se afastaram na ordem decrescente de idade, dos mais velhos para os mais jovens, já que o Mestre propusera que aquele que estivesse *isento* de culpa ou de *pecado* que *atirasse a primeira pedra.* Como os mais velhos, por certo, deviam ter mais pecados que os mais novos, eles, os mais idosos, foram-se, seguidos dos outros. Tomada de surpresa, a mulher, que não mais estava sendo acusada por eles nem condenada por Jesus, interrogou-O:

— E agora, Senhor?

— *Vai, e não tornes a equivocar-te*; *não voltes a emaranhar-te no cipoal das paixões, porque até há pouco ignoravas a verdade, tinhas pouca responsabilidade, mas, a partir deste momento, sabes, és consciente, e as tuas responsabilidades são muito maiores.*

Na proposta de Jesus, diante da mulher surpreendida em adultério, Ele não anuiu com o erro, não reprochou, porque a sua tarefa não era a de perdoar ou de condenar, mas a de orientar, educar. E foi exatamente o que Ele fez, pedindo que ela não voltasse a pecar.

Assim, a Doutrina Espírita nos propõe o despertar da consciência, para que, com a consciência lúcida, não repitamos as nossas insensatezes, os nossos erros, porque a vida real, legítima, é a espiritual.

Informam-nos os Espíritos nobres, sem nenhum masoquismo da parte deles ou da nossa, que vale a pena sofrer um breve período para desfrutar de plenitude por uma larga etapa. As dores da Terra, por mais longas, são sempre muito curtas, no relógio da eternidade. Um corpo vencido por enfermidades desgastantes, dilacerado por processos degenerativos, é uma bênção de Deus e, mesmo quando ultrajado e vencido, é o instrumento da nossa elevação. Uma vida social de desafios, de dificuldades econômicas, de exílio na comunidade – e até mesmo na solidão – é o caminho reparador, a nossa oportunidade de ascese através de cujo roteiro atingiremos o planalto da sublimação.

Não estamos na Terra por acaso. A nossa vida é programada. O psiquismo divino está dentro de nós. Ele se desenvolve, ele se agiganta. O *deotropismo* nos atrai; a Misericórdia Divina espera por nós, e, à medida que nos vamos conscientizando, cumpre-nos o dever de realizar a transformação íntima, a fim de lograrmos a realização para a qual estamos encarnados.

Bendigamos, pois, as dificuldades que nos visitam; aceitemos os desafios do sofrimento que nos chega e procuremos uma maneira dinâmica para mudar a estrutura dos acontecimentos, a fim de que paire, em um momento que não está muito distante e que certamente não será de imediato, a presença do amor que nos alará aos Cimos onde desfrutaremos paz, onde reconstruiremos a família feliz e seremos, a nosso turno, igualmente felizes.

Divino Benfeitor!

Chegamos no momento de dizer-Te graças, já que Te louvamos no contexto desta emoção, destas palavras.

E como não sabemos louvar e agradecer sem pedir, suplicamos-Te que nos leves de volta à intimidade doméstica, que nos conduzas de retorno ao lar em clima de harmonia, de esperança, reconfortados, reencorajados para a luta.

Amigo de nossas vidas!

Recebe-nos como somos, com o que temos interiormente, e abençoa-nos para que o nosso logo depois seja enriquecido de bênçãos libertadoras, diferindo do momento como temos sido até aqui.

Segue conosco no rumo do nosso lar e conduz-nos nos dias do futuro, conforme nos guiaste do passado até este presente.

Que a paz de Jesus, generosa e reconfortante, permaneça conosco, meus irmãos, agora e sempre!

2
ÂMBITO DE AÇÃO

A Equipe do Projeto

Os problemas que aturdem as criaturas humanas, nos dias de hoje, são os mais diversificados possíveis e vão, desde a necessidade pura e simples do conhecimento, às angústias superlativas dos que se encontram sobraçando os mais pesados fardos. Nessa variada gama está a clientela que busca o Atendimento Fraterno dos centros espíritas.

Uns perderam entes queridos e não conseguiram superar a dor dessas perdas; outros, não alcançando um relacionamento estável na vida afetiva ou familiar, transferem para o convívio social os seus conflitos, desajustando-se e fracassando nas metas programadas; alguns, pedindo por outros, tocados de compaixão ou incomodados pelo desequilíbrio daqueles com quem se relacionam; há os vitimados pela pobreza, pelo desemprego, cuja problemática, conquanto de ordem material, tem raízes e implicações mais profundas; também, entre a clientela, incluem-se os viciados, vítimas de si mesmos, mas, de um certo modo, atingidos pelo meio hostil de uma sociedade ainda não transformada pelas luzes do Evangelho; incluem-se os doentes de toda ordem: da mente, do corpo e da emoção, em processos demorados de inadaptação social; por fim, os que, de uma hora para outra, veem-se a braços com desafios superiores às suas forças. Todos pleiteando soluções específicas e encaminhamentos adequados para suas dificuldades.

Em síntese, poderíamos dizer que o alcance do Atendimento Fraterno engloba as diversas nuanças do sofrimento humano e diretamente os problemas engendrados pelo *ego* personalístico, que propelem os indivíduos à utilização incorreta do livre-arbítrio.

Destaque para a problemática da obsessão – a doença do século, ainda pouco considerada –, pois de permeio com muitos desses conflitos humanos estão as interferências espirituais variadas, gerando alterações do comportamento e da emoção de ampliados riscos e consequências.

É o Centro Espírita um campo de trabalho, entre tantos outros, onde o Cristo espera que a distribuição de Sua Misericórdia seja prodigalizada. Todavia, a atividade de ouvir e orientar-dialogando está presente em todo lugar, é parte da vida, podendo e devendo ser exercida onde se esteja. Não há quem não se recorde de que, em algum momento da existência, precisou ser ouvido e auxiliado por outrem a encontrar um rumo, a solucionar um conflito interno. Esse alguém pode ter sido o pai, a mãe, um professor, um amigo ou mesmo um estranho que se aproximou, providencialmente, a partir daí fazendo-se o benfeitor a favorecer com elementos decisórios importantes para o existir.

Propomos, a seguir, algumas situações ou oportunidades em que o Atendimento Fraterno se impõe como dever daqueles que disputam a honra de ajudar e servir.

No lar

Esteja atento ao comportamento psicológico do seu familiar. Registrando algo de anormal na sua convivência com ele, induza-o a abrir o coração. Possivelmente ele está precisando de uma palavra de conforto moral, um roteiro orientador para uma problemática iniciante, que poderá ser contornada, em tempo hábil, mediante o apoio no seio da família. Lembre-se, sempre, de que Deus ajuda a criatura através de outra criatura.

Quando notar, no seu filho, os primeiros sinais da conduta antissocial e antifraterna, aborde-o com bondade austera, evitando que a repetição da ocorrência crie o hábito infeliz. Erradique no nascedouro as raízes do mal, não permitindo que a falta de atenção lhe tolde a visão do que é mais essencial para a sua própria vida: os deveres que o amor impõe no cuidado e zelo com as plantas tenras que Deus lhe confiou.

Notando que alguém do círculo familiar vive dificuldades ásperas, inerentes ao carreiro evolutivo, adiante-se para oferecer sua contribuição de ajuda, tornando-se solidário. Conquanto não deva assumir por ele os deveres que a ele compete, contribua, de algum modo, passando as suas experiências e dando, com ele, os passos necessários para que se sinta seguro e amparado.

Receite, incessantemente, o tônico preventivo do amor, ensinando dentro do lar os caminhos de Deus e da retidão de caráter, através do próprio exemplo, antes que o "fermento" deteriorado das influências alheias arraste os filhos d'alma para o corredor escuro das viciações.

Ensinamentos sonegados no lar, colheita de êxitos diminuída.

No trabalho

Não se isole do companheiro que divide com você as horas estafantes de sua jornada de trabalho. Estando emocionalmente a ele ligado, em surgindo na vida do colega a dificuldade moral e o momento inquietante, eis o seu instante de compartilhar ajudando, extravasando sentimentos fraternais em ondas de amizade pura. O verbo, utilizado a serviço da compreensão, é como gota de remédio oportuno para minimizar aflições e abrir horizontes alentadores de otimismo e de esperança. Se hoje você ajuda, mais adiante poderá ser aquele que necessita ser ajudado.

Esforce-se para conservar o bom humor, para que não seja você o interruptor a desligar o circuito da alegria, destoando dos demais. Porém, a pretexto de estar bem com todos, não comungue com o anedotário vulgar e a conversação vazada em termos maledicentes e depreciativos. Todos acabarão acostumando-se com o seu caráter reto. Essa é uma mensagem de auxílio que você passa silenciosamente.

Ante o rastilho de pólvora da desconfiança e da competição inescrupulosa, sejam seus a palavra sensata, a atitude fiel e o comportamento recatado quanto nobre. É de real valor a presença de alguém que se pronuncie com equanimidade e justiça onde medra a discórdia, disfarçada ou não.

Defenda princípios de cooperação, valorizando o esforço de todos. Não explorar nem se deixar explorar é atitude educativa que abre sempre possibilidades para trocas de qualidade superior.

Passe uma mensagem não verbal que traduza a sua alegria de viver, mantendo-se organizado e disponível. Uma decoração personalizada em sua sala de trabalho, uma mensagem otimista, emoldurada num quadro de parede ou sobre a sua carteira pode ser o toque de sua presença falando à intimidade das outras pessoas.

Na via pública

Talvez seja coincidência um encontro inesperado, na rua, com uma pessoa desconhecida; mas pode ser alguém trazido à sua presença por Deus, a fim de que você exercite a capacidade de amar ao próximo. Cumprimentando-a gentilmente, ouça-a com a devida atenção, a fim de que possa ser útil e (quem sabe?) ajudá-la na solução de alguma dificuldade. Suas palavras, envolvidas por um sentimento empático, podem redirecionar aquela mente, se atribulada, abrindo espaço para que encontre resposta adequada.

Um ídolo do voleibol citadino percorria despreocupadamente a via pública, dirigindo-se ao treinamento diário, quando, inesperadamente, ouviu alguém lhe chamar. Voltou-se, curioso, para identificar o apelante e deparou-se com um adolescente que, de imediato, declarou-se seu admirador incondicional.

Conversaram durante alguns minutos, o suficiente para que o atlético desportista notasse o rosto do rapaz coberto de feias cicatrizes, dando-lhe uma aparência muito desagradável. Inquirindo, veio a saber que o jovem sofrera um atropelamento que redundou naquele ser deformado que estava, agora, diante dos seus olhos, fragilizado e infeliz.

Fizera oito operações plásticas de efeitos benéficos diminutos. Na semana seguinte iria submeter-se à nona intervenção e encontrava-se muito angustiado.

A sua família não lhe dava a atenção desejada, e naquele encontro casual estava recorrendo a um estranho para rogar apoio, compreensão, amizade. Sim, estava pedindo que lhe fosse feita uma visita no hospital geral da cidade, onde seria operado, pois a sua convalescença seria muito difícil de enfrentada, como das vezes anteriores, sem a presença dos familiares.

Sabendo da impossibilidade de atender àquela solicitação, em decorrência dos compromissos profissionais do clube que defendia, o astro, religioso que era, aproveitou o ensejo para estimular o rapaz, dizendo-lhe da excelência da fé em Deus, que a ninguém desampara. Que ficasse tranquilo porque tinha certeza de que, daquela vez, os resultados da cirurgia seriam exitosos.

Incutiu naquela mente juvenil as bênçãos do otimismo, da esperança, e já ia despedir-se, quando o adolescente segredou-lhe:

— *Não fosse este encontro com você e talvez eu desse cabo da minha vida, pois estava desesperado.*

NO TRANSPORTE COLETIVO

Verifique, sempre, quem está sentado ao seu lado, familiarizando-se com aquela fisionomia que lhe parece desconhecida.

Pense: "Poderá ser alguém que esteja enfrentando as dificuldades naturais da existência, carregando, nos ombros, difíceis problemas íntimos; senão, poderá ser um amigo que a vida está me trazendo de volta".

Tente auscultar o que transita na mente da pessoa, mantendo uma conversação amistosa; aborde um assunto agradável para sondar-lhe a alma e, notando algum indício de qualquer carência relacionada com a personalidade fragilizada, fale da necessidade da comunhão com o Criador, que sempre dá sinal de Seu amor pelas criaturas através de uma infinidade de meios e, em particular, pelos fios invisíveis do pensamento quando, em prece, a Ele nos ligamos.

Demonstre o seu interesse por aquilo que ele fala, pois assim terá oportunidade de prender a atenção do novo amigo para o que você lhe quer transmitir. E passe-lhe pequenas notas de compreensão e de interesse, construindo, a partir daquele instante, vínculos novos de amizade fraternal.

É a sua oportunidade para, discretamente, aplicar os recursos de uma construção de ajuda, sem interesses subalternos. Introduza, nos sentimentos dessa pessoa, que lhe parece um estranho, a força estimulante da sua afetividade, qual o bom samaritano que usa dos recursos da caridade ao próximo sem a preocupação de identificar-se.

Não se preocupe em tornar-se inoportuno. Fale sem constrangimento, atirando a semente de bom humor no solo promissor daquela alma merecedora de atenção.

Sentado ao lado de um rapaz, visivelmente deprimido, na classe de um trem suburbano, aquele coração gentil conseguiu saber, através de suas habilidades interpessoais, do grande drama que se escondia naquele coração:

– *Minha prisão envergonhou meus pais. Nenhum dos meus parentes visitou-me durante os oitos anos que passei na penitenciária estadual pagando a dívida que contraí para com a sociedade.*

O rapaz conjeturava que isso tivesse acontecido porque seus genitores eram pessoas de poucas letras e sem recursos financeiros para viajar. No entanto, uma grande interrogação o inquietava a todo instante: "Será que os meus entes queridos já me perdoaram?".

Para facilitar as coisas, escrevera previamente para eles, dizendo que colocassem um aviso qualquer onde o trem iria parar, a fim de facilitar a sua decisão de continuar viagem ou regressar definitivamente ao lar.

Quando o comboio de ferro se aproximou da cidade, embora as palavras otimistas e cheias de esperança que o amigo inesperado lhe dissera, o jovem não estava em condições psicológicas de olhar para a janela com o intuito de verificar a mensagem que os pais tinham para ele.

Seu companheiro de viagem delicadamente ofereceu-se para essa incumbência, trocando de lugar com ele e se pondo a observar através da janela. Minutos depois, colocou a mão no braço trêmulo do ex-sentenciado, dizendo em sussurro e emocionado:

– *Vê, agora.*

E o rapaz, com lágrimas incontidas nos olhos, leu a mensagem de boas-vindas:

– *Bem-vindo seja, filho de nossa alma.*

No Centro Espírita

Ao perceber alguém que chega, por primeira vez, à Casa Espírita a que você está vinculado por laços de afeição e compromissos, aproxime-se, sorria, converse... seja alguém a dar boas-vindas com efusão de legítima fraternidade. Esse não é um trabalho protocolar e formal da responsabilidade exclusiva de quem dirige a Casa, mas um impulso espontâneo de quem está feliz com a convivência cristã e, por isso mesmo, interessado em expandir sentimentos de amizade.

Lembre-se de que uma recepção fria traduz apatia injustificável e que a presença de alguém, na Casa Espírita, por muito tempo despercebida, demonstra que os que estão ali albergados se encontram enclausurados em si mesmos e pouco interessados na expansão da Boa-nova na Terra.

Que seja a sua presença na Casa Espírita uma viagem permanente ao coração de seu irmão.

Integre-se no espírito da alegria, disputando a honra de trabalhar, com todos e entre todos, sem preocupações hegemônicas ou dominadoras.

Cordialidade permanente, silêncio a qualquer impulso maledicente, o máximo de empenho para o aproveitamento de toda e qualquer contribuição, sem cobranças, exibicionismo, querelas... lembre-se de que, em parte, depende de você o clima de amizade que atrairá os bons Espíritos.

Se marcas do passado e desafios do presente lhe ameaçam o compromisso com a postura fraternal, discipline os impulsos e cumpra o seu dever de trabalhar e servir até que possa amar em profundidade. Não seja você a pedra de escândalo nem o ácido dissolvente da amizade, mas, antes de tudo, um ponto de referência para que o amor triunfe.

Cuidado com a indiferença, o desapreço e as preferências para que tais atitudes não maculem a sua participação no esforço coletivo.

Se o companheiro se afastou, conquanto não saiba o motivo, interesse-se por ele; nada custa um telefonema, uma visita, uma conversa estimuladora e, se enfermo, a sua presença junto a ele. São essas atitudes deveres impostergáveis, sem os quais a convivência cristã deixa de ter sentido, tornando-se igual a outra qualquer.

Às vezes, você deixa de adotá-las não por descaso, mas por excesso de trabalho ou preocupações com seus próprios problemas. Todavia, reveja a atitude e refaça as prioridades, pois os deveres da solidariedade estão em primeiro lugar no coração do espírita.

3
PROBLEMAS DE PERSONALIDADE

Suely C. Schubert

É muito importante para o Atendimento Fraterno que o atendente conheça algumas noções básicas (ainda que bem simples) acerca dos problemas de personalidade, a fim de evitar-se o equívoco diante de certos casos considerados como processos obsessivos, quando na realidade expressam conflitos, desajustes, traumas, transtornos psíquicos, enfim, que têm como origem o próprio indivíduo, que é um Espírito enfermo, digamos assim.

É propício o esclarecimento de Jorge Andréa a respeito: "Essas estruturas doentes, do Espírito ou da individualidade, imprimem nas células nervosas desvios metabólicos a refletirem numa intensa gama de personalidades doentias, consequência de autênticas respostas cármicas".[3]

A palavra personalidade deriva de *persona*, vocábulo latino que significa *máscara*. Designava, antigamente, a máscara usada no teatro por um ator.

---

3. ANDRÉA, Jorge. **Dinâmica psi**. Rio de Janeiro, 1981.

Modernamente, define-se personalidade como o conjunto das características intelectivas, afetivas e volitivas que constituem o modo de ser e de sentir de uma pessoa.

A personalidade resulta de uma interação social, ou seja, do relacionamento do indivíduo com as pessoas que constituem os grupos sociais de que faz parte: lar, escola, trabalho, lazer.

Em sentido mais amplo, pode-se dizer que a personalidade de uma pessoa forma-se a partir de uma conjugação de fatores genéticos, pela educação que lhe é transmitida, pelo contexto histórico em que vive, pela interação social etc.

Em Psicologia há um conjunto muito vasto das teorias da personalidade, com uma diversidade muito grande de pontos de vista.[4]

Quando desejamos a solução de um problema, o primeiro passo é buscar a sua causa, a sua origem. Qual a origem dos problemas de personalidade? Segundo Rollo May, a origem "é uma falta de ajustamento das tensões dentro da personalidade".[5]

O processo de ajustamento das tensões ocorre continuamente, por isso a personalidade nunca é estática. É viva, dinâmica, em constante mutação.

Como ocorrem essas tensões? Sempre que uma pessoa experimente um sentimento de que "deve" fazer isso ou aquilo, ou um sentimento de inferioridade, de triunfo ou desespero, as tensões de sua personalidade estão sofrendo um processo de reajustamento. Por exemplo: lendo um livro ou ouvindo uma palestra, toda ideia que nos atraia a atenção

---

4. BALDUÍNO, Leopoldo. **Psiquiatria e mediunismo**. Rio de Janeiro: FEB, 1994.
5. MAY, Rollo. **A arte do aconselhamento psicológico**. Petrópolis: Editora Vozes, 1987.

e nos convide a uma reflexão mais profunda provoca um novo ajustamento das tensões em nossa personalidade.

Portanto, estabilidade ou equilíbrio da personalidade não significa que ela deva tornar-se estática. Em verdade, viver é ajustar-se, continuamente, a novas experiências de cada dia.

Para Rollo May, a característica básica da personalidade é a liberdade. Ele afirma que existem quatro princípios essenciais para a personalidade humana: liberdade, individualidade, integração social e tensão religiosa.

Infere-se, pois, que a falta de ajustamento das tensões pode ocasionar conflitos a manifestar-se sob variadas formas e sintomas, desde a timidez, excessivo acanhamento, medo de relacionar-se com as pessoas, ansiedade, angústia, fobias, depressão, até desaguar nos transtornos psíquicos como as neuroses ou, em casos mais graves, como a esquizofrenia, as psicoses etc.

Essa dificuldade de ajustamento às injunções do dia a dia acarreta um conflito íntimo, prejudicando o relacionamento com o meio social em que o indivíduo está inserido e, não raro, pode alcançar até mesmo as pessoas mais íntimas de sua convivência.

Portanto, existe neurose quando os conflitos não podem ser trabalhados, superados, tornando-se desproporcionais à capacidade do indivíduo de lidar com eles. Em decorrência, surgem os mecanismos de defesa neuróticos, que são situações que a pessoa engendra tentando disfarçar ou fugir de seus problemas interiores. Essa fuga passa por uma vasta gama de subterfúgios, como os vícios, por exemplo, que constituem supostas válvulas de escape, ou o fechar-se em si mesmo, tentando evitar o confronto com as tensões naturais da vida.

Jorge Andréa elucida que devemos considerar como personalidade desviada as condições dinâmicas que atingem o caráter e cuja intensidade ou grau modificarão a conduta e, consequentemente, a vida social. Desse modo, estarão enquadrados os indivíduos que destoam da média, apresentando tanto agressividade exagerada como passividade extrema, os desvios sexuais, os alcoólatras, e uma série de disfunções da personalidade. Geralmente são indivíduos que acham que suas reações são mais desencadeadas pelo meio em que vivem do que partindo deles próprios.

O ajustamento, a estrutura da personalidade fazem-se pela interação dos componentes biopsicossocioespirituais.

Esses problemas de origem cármica, cujas causas estão no Espírito endividado perante as Leis Divinas, encontram nos esclarecimentos da Doutrina Espírita os recursos terapêuticos imprescindíveis para que alcancem a própria libertação.

4

PERFIL DO ATENDENTE FRATERNO

Equipe do Projeto

Uma descoberta importante feita por profissionais da Psicologia foi que a eficácia da ajuda possível de ser prestada a alguém por um terapeuta não depende tanto da escola psicológica a que este está vinculado, mas sobretudo dos valores subjetivos relacionados com o seu comportamento – diríamos, seu carisma, o amor que irradia –, que o torna uma pessoa dotada de qualidades interpessoais relevantes e qualidades íntimas (força interior) que o credenciam para o trabalho.

Em sendo uma pessoa tolerante (sem ser conivente), expressará um respeito e uma aceitação incondicional em relação ao ajudado, separando sempre o ser, o Espírito, da problemática que o inquieta, que deverá ser vista como um jugo, um acessório incômodo que a personalidade assumiu e, portanto, temporário, que nada tem a ver com aquele ser de humanas paixões, mas de essência divina, que lhe cabe amar com todas as veras de seu sentimento.

De posse dessa compreensão terá facilidade em ser autêntico (sem ser grosseiro), pois no espaço do Atendimento Fraterno não há campo para dissimulação da parte de quem atende, que deverá expressar sentimentos com sinceridade e interesse real de ajudar. Quando dizemos sinceridade, não estamos aconselhando que, a pretexto de ser real, se deixe de guardar as conveniências e o bom-tom.

O atendente fraterno será sempre uma pessoa comedida e discreta, dosando aquela informação cujo teor integral o ajudado não teria ainda condições de suportar. Somente assim ele inspirará confiança e perceberá adequadamente os sentimentos e emoções de quem ajuda, recebendo a inspiração dos bons Espíritos e transformando aquela vivência confusa e deformada da pessoa que atende em algo compreensível e passível de renovação.

É um dos objetivos do Atendimento Fraterno levar o atendido a essa compreensão de si mesmo (ainda que em níveis superficiais, no início), para que ele – atendido – seja capaz de flexibilizar suas crenças pouco racionais e lógicas e alterar os seus valores, a forma de ver a vida e a própria situação, tornando-se mais otimista, para, a partir daí, fazer uma programação de vida, traçar um roteiro evolutivo que envolva a superação das dificuldades na ocasião apresentadas.

Não cabe ao atendente fraterno passar receitas prontas, encaminhar soluções que saiam exclusivamente de sua cabeça. É preciso a adesão, a "cumplicidade" do atendido, que deverá estar disposto a assumir a rédea da própria vida. Bom mesmo será quando o ajudado tomar a orientação que recebe (discretamente) como uma descoberta sua, porque nesse caso ele se aplicará com mais energia ao esforço pela superação de obstáculos. Voltaremos a este assunto mais adiante, nos dois capítulos seguintes.

É da responsabilidade da direção da Casa estabelecer o perfil ideal do atendente fraterno, que será passado ao coordenador do serviço, que por sua vez se incumbirá de organizar um processo seletivo capaz de identificar esses valores humanos e incorporá-los ao trabalho.

Digamos que um perfil apropriado englobaria duas ordens de requisitos: os humanos básicos e os de natureza doutrinária.

Entre os primeiros alinham-se as seguintes qualidades: *saber ajudar-se*, ou seja, a pessoa já ter uma equação de vida bem delineada; *interesse fraternal por outras pessoas*, que sintetizaremos com a expressão: gostar de gente; *bom repertório de conhecimentos*, não apenas do ponto de vista informativo, mas também vivencial; *hábito de oração e de estudo* – oração para mantê-lo na sintonia com os bons Espíritos e estudo para mantê-lo atualizado e em condição de compreender as pessoas; *ser pessoa moralizada*, isto é, estar conscientemente vivendo mais em função da essência – o Espírito – que da aparência – a vida transitória do corpo e dos prazeres; *equanimidade, ponderação, equilíbrio emocional, paciência e segurança*, que constituem um leque de conquistas emocionais e psíquicas que o capacitam a lidar com situações desafiadoras.

Entre os requisitos doutrinários ou relacionados com a vivência espírita incluiríamos: *integração nas atividades do Centro* e conhecimento da sua estrutura de funcionamento; *familiaridade com o Evangelho de Jesus; conhecimento da Doutrina Espírita* – obras básicas da Codificação e obras complementares sobre mediunidade e obsessão/desobsessão, especialmente as de André Luiz e de Manoel Philomeno de Miranda; obras sobre educação e comportamento humano, e, por fim, *competência para aplicar passes.*

No primeiro grupo de requisitos, os referentes às qualidades humanas, inúmeras outras além das apresentadas poderiam ser aventadas. Em verdade, toda e qualquer qualidade humana soma para a eficiência do atendimento. A nossa intenção não é, nem poderia ser, esgotá-las, mas levantar o rol das principais, segundo nossa óptica.

Algumas qualidades e requisitos não foram incluídos por estarem relacionados com o próprio crescimento do atendente na tarefa e que se adquirem com a prática. Entre esses está a *empatia*, que é o sentir dentro, ou seja, profundamente, uma espécie de sensibilidade para intuir ou perceber a experiência do outro. Esse tema será objeto de um estudo mais detalhado no capítulo oito.

O Atendimento Fraterno, conquanto seja uma atividade que requer dos atendentes a posse de habilidades interpessoais, na dinâmica da Casa Espírita assume um caráter eminentemente inspirativo, em que atendentes e atendidos são auxiliados pelos bons Espíritos que se vinculam à tarefa: os primeiros, recebendo intuições quanto à natureza dos problemas enfocados e as sugestões a serem fornecidas para a solução dos mesmos; os segundos, recebendo o apoio emocional indispensável, a fim de que tenham confiança para se desvelarem.

5
A AÇÃO DO ATENDENTE FRATERNO

Por Divaldo Franco –
Inspiração de Joanna de Ângelis

Feita a seleção dos que irão exercer, na Casa Espírita, a função de atendente fraterno, conforme o perfil apresentado por seus diretores, esses escolhidos, que em verdade se elegeram por suas qualidades pessoais e pelo esforço que fizeram para absorver as disciplinas teóricas da formação, passarão ao exercício prático, quando adquirirão experiência gradualmente, à medida que as vivências do sofrimento alheio desfilarem para os seus corações em atitude de escuta amorosa.

Para esse limiar de iniciação prática, Joanna de Ângelis propõe uma tríade que deve caracterizar o desempenho, as atitudes desses trabalhadores da ajuda. E o faz pela boca mediúnica de Divaldo Franco, seu arauto na Terra, inspirando o seu discurso de boas-vindas para uma turma de novos atendentes fraternos do Centro Espírita Caminho da Redenção, na manhã de 27 de julho de 1998.

Acompanhemos com os registros da atenção apurados aqueles ensinamentos:

"Meus queridos irmãos: que o Senhor nos abençoe e nos dê a Sua paz.

É muito gratificante quando procuramos a renovação. A renovação de qualquer atividade é um convite saudável para a nossa atividade como espírito do bem.

Allan Kardec, fazendo uma análise das pessoas que se acercavam do Espiritismo, apresenta uma classificação muito especial.

Utilizar-nos-emos do espírito do pensamento do codificador para colocar em nossa Casa, de alguma forma, a classificação que ele nos propõe, embora em outros termos.

Quando chegamos a uma Instituição Espírita, estamos repletos de interrogações e, à medida que essas questões vão sendo elucidadas, tornamo-nos *simpáticos* ao trabalho daquela Casa e à ideia que ela nos proporciona.

Na razão em que o tempo transcorre e vamo-nos identificando com as propostas que ali se desenvolvem, tornamo-nos *adeptos*, porque, além da simpatia em relação às ideias, adequamos a nossa conduta a essas informações.

Logo depois, na forma como amadurecemos as nossas propostas e afinamo-nos com a programática da Casa, ficamos *membros* dela.

E é nessa condição de membros que somos do Centro Espírita Caminho da Redenção que iremos conversar por alguns breves minutos.

Naturalmente, numa atividade com o relevo e o significado que esta possui e a que nos propomos, tornam-se-nos indispensáveis alguns requisitos.

Quando vamos pela primeira vez a algum lugar, somos recebidos com cordialidade, com simpatia e atuamos com algum cuidado para deixarmos uma boa impressão. A pessoa que nos chega é uma visita e, como não a conhecemos, teremos de tratá-la com urbanidade. É a primeira proposta do relacionamento social para uma boa vivência no grupo.

Essa chegada das pessoas que ainda não são membros da Casa Espírita e que vêm como visitas naturalmente requer outras que as possam bem receber, constituindo-se uma comissão de recepção que produzirá uma boa ou uma impressão negativa a respeito do lugar que foi procurado.

Recebida para a reunião pública, orientada quanto ao que deseja, a pessoa, agora, pretende conseguir mais amplas informações, tem necessidade de apresentar os seus conflitos, os seus problemas ou os seus planos e passará à segunda etapa, que ainda é parte integrante da etiqueta social, que é o Atendimento Fraterno.

O Atendimento Fraterno é de alta significação e de grande responsabilidade, porque será, a partir desse momento, que o visitante, necessitado ou não, passará a conhecer-nos. É nesse primeiro contato que fazemos a radiografia da pessoa que nos recebe e do lugar em que nos encontramos. Faz-se-nos, então, indispensável, que estejamos preparados para uma boa recepção, em termos de qualidade, daqueles que nos procuram.

O atendente fraterno deve exercer a função de psicólogo espírita, mesmo que não tenha o curso acadêmico.

Nesta madrugada, Joanna de Ângelis ofereceu-me uma tríade, que deve caracterizar aquele que vai aplicar a Psicologia espírita aos necessitados que venham até nossa Casa.

Ela propôs três itens fundamentais que estão ínsitos na psicologia de cada um de nós.

Por momentos, deixemos de ser o atendente fraterno, para nos tornarmos a pessoa que vem em busca de socorro.

Nesta postura, ela se deve interrogar: 'Se fosse eu, como gostaria de ser atendido?'. E concluirá: 'Com *amizade*'.

Então, o primeiro item é *amizade*.

Somos tão batidos pela vida, tão açoitados pelos conflitos, tão anatematizados pelo jogo social que, ao se nos apresentar um conflito, um problema, e buscarmos alguém para caminhar conosco, esperamos contar com aquilo que mais nos faz falta, que é a amizade fraternal, que deve ser a primeira oferta do atendente e a primeira colheita do visitante: encontrar uma pessoa saudável, predisposta, jovial, que não tem pressa, que está ali exatamente para atender, e não para se desobrigar de uma tarefa desagradável que lhe foi imposta.

Na hora em que a atividade passar a ser um fardo, cumpre-nos pedir licença e irmo-nos, agora, na condição de cliente. Se estivermos saturados, precisaremos de alguém que nos ajude a nos libertar da carga para não transferirmos o nosso tédio para quem chega, pois se, para nós, aquele é o milésimo cliente, para ele é a primeira vez. O problema que nos veio trazer é a própria vida. Se para nós é como um grão de areia, para ele é muito importante, tão importante que o está perturbando.

Então, ao lado da amizade, Joanna de Ângelis sugere como segundo item a *compaixão*.

Deveremos olhar a pessoa que nos busca a ajuda, não com essa piedade de ter dó, mas com essa paixão fraternal de ajudar.

Por mais insignificante que nos pareça o problema, considerarmos que para ela é um fardo quase insuportável, que a está esmagando. Portanto, deveremos falar-lhe tomados de compaixão, colocando-nos no seu lugar e pensar: 'Se eu estivesse assim, como gostaria de encontrar alguém que me desse a mão, que me ajudasse a carregar o fardo, que me ouvisse e que me pudesse dizer: *Vamos caminhar juntos, pelo menos neste momento. Vamos, agora, destrinçar o problema. Fale um pouco mais. Como é que você vê o seu problema? Não tenha pressa; eu não estou aqui para atender a um grande número de pessoas, mas, sim para ajudar alguém que esteja necessitado!*.

Após isso, a pessoa já começa a sentir-se relaxada e apoiada nos seus propósitos bons.

Joanna de Ângelis sugere, em seguida, que abramos uma chave para destacar os esquemas que a compaixão nos proporciona:

a) Falarmos com real *fraternidade*. A compaixão nos leva a essa postura de ser irmão, que corresponde ao desejo de ajudar a pessoa a libertar-se do problema. E como se trata de alguém totalmente estranho que ainda não nos sensibilizou emocionalmente, não podemos afirmar que a amamos; mas, pelo menos, podemos dizer que um sentimento de fraternidade nos domina, porque assim ela sairá do encontro levando essa emoção nossa. E se veio de mal com o mundo, vai voltar predisposta a enfrentá-lo de maneira mais fraternal.

Ao lado desse sentimento de fraternidade Joanna propõe, na compaixão, a *bondade*.

Ouçamos com paciência, mesmo que a pessoa seja muito repetitiva. No entanto, não deixemos que ela caia no abismo da queixa inútil. Escutemos com bondade e demos-lhe a oportunidade de libertar-se do conflito... Quando estiver muito repetitiva, digamos-lhe com bondade: 'Muito bem, isto eu já entendi. Passemos, agora, a outra parte do problema que a aflige'.

Porque, às vezes, a repetição vinda de uma pessoa neurótica, de alguém depressivo causa-nos certa irritabilidade, e ficamos ansiosos para nos vermos livres do doente. Que sucede, então? No clima da irritação, irradiamos uma onda vibratória que afeta o enfermo, fazendo-o sentir-se rechaçado, então ele se bloqueia. A partir desse momento, o atendente fraterno perde em calor o que talvez ganhe em tempo de conversa, mas os resultados serão inócuos.

Devemos aplicar a bondade. Se o cliente for muito cansativo e nós pensarmos: 'Há quanto tempo ele está procurando alguém para o ajudar, um par de ouvidos para escutá-lo?', teremos paciência. O nosso cuidado será para que ele não caia na queixa, porque essa, como a lamentação, como a reclamação, produz vapores venenosos. Com bondade diremos: 'Muito bem, você já disse isso mais de uma vez; vejamos, agora, qual o outro problema'. E o acolhemos com um sorriso de bondade, porque senão poderemos ficar olhando-o, irritados, desejando libertar-nos dele.

Passaremos, agora, ao terceiro aspecto da proposta da compaixão, que é o *esclarecimento*.

Diremos: 'Agora você vai ouvir-nos só um pouco. A respeito do problema que você está experimentando, nós, os espíritas, acreditamos que a nossa existência está dividida em várias experiências corporais. Nesta atual, colhemos o resultado da anterior, enquanto estamos semeando para o futuro'. E lhe daremos uma ideia, em pinceladas ligeiras, da *Lei de Causa e Efeito*. Porque a pessoa vai dizer: 'Não sei por que isto acontece comigo. Não consigo entender por que os outros são bem-sucedidos, e eu não. Gostaria de saber por que a sorte me é tão madrasta! Quanto mais eu oro, mais a situação piora'.

Alguns outros, de formação espírita, dirão: 'Depois que eu entrei no Espiritismo tudo piorou; então estou a ponto de abandoná-lo'.

Isso porque muitos acham que, pelo fato de se adentrarem na Doutrina Espírita, libertar-se-ão da carga cármica que lhes pesa sobre a cabeça. Não se dão conta de que, ao tomar o remédio, ocorre uma reação orgânica: aquele processo de doença moral se acelera e tudo quanto estava em fermentação eclode, qual um tumor que, ao *explodir*, a purulência vai jogada fora...

Nessa fase do esclarecimento não é necessário falar muito, porque o paciente não absorve; está com ideia fixa. Talvez, num segundo ou terceiro atendimento, consiga entender melhor.

Quanto a nós, não usemos palavras técnicas, mas falemos de uma maneira muito simples, se a pessoa com quem dialogamos é leiga, de tal forma que ela consiga sair dali levando o entendimento de que há uma causa anterior aos seus atuais problemas, mesmo que não a identifique. Há sempre um motivo. Ela, agora, deve gerar futura razão para ser feliz.

O terceiro item colocado por Joanna é a *libertação*.

Recebemos com amizade, atendemos tomados pela compaixão – dando fraternidade, bondade e esclarecimento – e passamos agora ao item final: a libertação.

O objetivo do Atendimento Fraterno é libertar a pessoa do problema que a aflige. É óbvio que ela não sairá dali imediatamente livre, todavia a nossa meta é libertá-la; atendê-la de tal forma que, ao sair, leve para casa outro programa, em vez de novas dúvidas e novos questionamentos. Para tanto, sugere Joanna que não digamos coisas que deixem interrogações mais perturbadoras.

Por exemplo: se a pessoa está com um médico, nunca lhe digamos que abandone o seu médico, em hipótese alguma, remota ou próxima. Essa é uma decisão do paciente. Se ele disser: 'Eu estive em todos os médicos', digamos-lhe: 'Fez muito bem'. 'Mas eles não acertaram com o meu diagnóstico'. 'Continue tentando'.

Nós somos *médicos de almas*. Não devemos interferir na Medicina acadêmica. E por que não? O paciente está querendo um apoio para fazer o que está desejando, e a resposta será nossa, porque somos mais conscientes do que ele, pelo menos mais esclarecidos. Daí, nunca lhe diremos 'Abandone o seu médico', porque se o dissermos ele irá para casa agora com um questionamento: 'E se eu piorar, que farei? Será que essa pessoa sabe o que estava falando?' – porque o paciente é um doente do corpo, da alma ou da emoção, e temos que diminuir-lhe os conflitos, sem darmos margem a que se criem nele novas inquietações.

Observo que 85% a 90% da clientela que chega à nossa Casa é portadora de problemas existenciais. Na raiz, o problema é espiritual, porque o Espírito é sempre o endividado, mas os efeitos são existenciais.

Cataloguei em três grupos esses conflitos sociais: os que advêm das doenças do relacionamento, depressão e distúrbio do pânico. A maioria está enquadrada nesta dualidade: depressão, distúrbio do pânico, e o fator preponderante que leva a esses distúrbios, entre outros, é a afetividade.

Vivemos um contexto de afetividade muito tumultuada. A liberação sexual, a promiscuidade e os relacionamentos agressivos, amorfos, estão levando as pessoas a ilhas de isolamento. A cada instante os conflitos no lar tornam-se quase insuportáveis, e as criaturas correm na busca do que antes era o confessionário e hoje é o gabinete do psicólogo. Como a maioria não dispõe de recursos para ter um psicólogo, vai ao Centro Espírita, ao Atendimento Fraterno. São pessoas informadas erradamente ou totalmente desinformadas, a quem disseram: 'As dificuldades de seu relacionamento no lar são causadas por Espíritos perturbadores, porque tem alguém fazendo *magia negra*, porque ele(a) está envolvido(a) com outra pessoa'.

Com essa carga de ideias inquietantes, o indivíduo desesperado recorre à Casa Espírita não porque deseja esclarecimento ou iluminação, mas uma solução para esse problema existencial.

No nosso diálogo, não devemos interferir, apresentar conclusões sobre o seu relacionamento, pois cada um conta os fatos conforme crê que está acontecendo, e o que dissermos ele irá transmitir ao outro, logo chegue a casa, usando como arma nossas palavras. Teremos apenas que ouvir. E diremos, se interrogados: 'Nesse assunto eu não poderei interferir. Você, só você, é quem conhece o seu cônjuge (ou parceiro) e tem ideia da sua intimidade conjugal'.

Nunca deixar que conte a intimidade, pois isso não nos interessa.

Vivemos num contexto muito vulgar, em que as pessoas querem contar por exibicionismo – distúrbio psicológico –, que é uma forma de exaltação do *ego*, levando-as ao escancaramento das particularidades. Ali não é lugar para isso, porque não é um gabinete de psicanálise. A pessoa pode explicar: 'Tínhamos um relacionamento saudável, mas, de repente, ele(a) não me procura mais ou me disse que acabou o amor e que vai procurar outrem'. Retrucaremos: 'Muito bem! O seu dever é continuar no lar'. 'Ele me ameaçou'. 'Mas você é a dona do lar' (se for mulher).

Dizer sempre à mulher que ela é a dona do lar. Se o companheiro está saturado, ele que saia. Caso a ameaça seja de violência, deve-se indicar que ela procure ajuda, a fim de não se expor a riscos. E se for um homem, nessa conjuntura, dizer-lhe que o lar pertence à mulher. 'Já que você está com um problema, pense bem e decida-se'. A pessoa sempre diz: 'Se fosse você, o que é que faria?'. 'Não tenho a menor ideia, porque nunca passei por este problema'. Não vale dizermos o que a pessoa deverá fazer, porque, se a pessoa resolve seguir nosso conselho (nem sempre o melhor), arrostaremos as consequências. Teremos que manter muito cuidado nesses problemas existenciais de relacionamentos afetivos entre parceiros. Levemos em conta que mais à frente haverá uma nova briga (o que saiu vai voltar) e nosso papel é equipar as pessoas para que resolvam os problemas e não fiquem dependentes do atendimento, como muitos pacientes ficam dependentes de seu psicoterapeuta.

Outra advertência: muito cuidado para que o paciente não se nos vincule afetivamente como mecanismo de realização. O relacionamento paciente-médico, doente-psicólogo, atendente-atendido deve ser não emocional, porque é muito natural que nasça um doce encantamento pela pessoa que tem paciência, gentileza e compaixão para conosco e nossos problemas. Ela assim o faz por um sentimento fraternal.

Quando percebermos que o atendido está ficando encantado, diremos: 'Esta vez é a última que o atenderei. Na próxima oportunidade, você, por favor, procure outro companheiro, porque como eu estou muito a par do seu problema, não me posso envolver emocionalmente com ele e certamente outrem o atenderá melhor'.

Se a pessoa nos procurar fora do local do Atendimento Fraterno, dir-lhe-emos: 'Em absoluto, não posso atendê-lo aqui. Aqui eu sou seu amigo. O que eu poderia fazer por você eu já fiz lá no Atendimento Fraterno. Vamos continuar amigos, fraternos, mas não me eleja (e sorriremos para a pessoa) como seu guru, como seu guia, porque eu também tenho problemas equivalentes'. Cortemos logo no primeiro golpe, porque desse encantamento podem surgir conflitos muito graves também para nós.

A pessoa, ao conversar conosco, projeta os seus interesses e, em breve, estamos envolvidos por aquela projeção mental, cujas imagens levamos para casa, sem nos darmos conta, começando uma obsessão de encarnado por *ressonância*...

A obsessão por *ressonância* é aquela em que o pensamento fica ressoando na mente da vítima. Chega-lhe a ideia e pensa, sorri, agasalha-a. Volta a ideia, aceita-a e daí a pouco começa a gerar bem-estar...

Dessa forma, quando o paciente começar a entrar em nosso campo emocional, cuidado com a *obsessão por ressonância mental*.

Consideremos outro item de perigo. Nunca devemos opinar contra o ausente. A pessoa traz o drama com uma carga de emoção tão grande que, às vezes, contamina-nos, levando-nos a proferir algo contra o outro. O atendido se apoia naquilo e vai contar-lhe. Temos que estar atentos com relação a isso, porque somos criaturas emocionais e temos compaixão, ficamos sempre tocados pela vítima a quem gostaríamos de ajudar.

A grande arma da *vítima* é que inspira simpatia, enquanto o *algoz* inspira animosidade. Mas, às vezes, deparamo-nos com uma pseudovítima que, em verdade, é o algoz. Aquele que chora cativa muito mais do que quem cala, fica tenso, parecendo antipático, quando, na verdade, é a grande vítima.

Desse modo, quando o cliente nos trouxer a carga emocional, digamos-lhe: 'Você está muito deprimido. Talvez não seja exatamente assim. Lembre-se do tempo em que vocês eram felizes. Relaxe, asserene-se um pouco. Recorde um momento bom. Será que não houve um momento bom no relacionamento? Tente vivê-lo de novo, reconquistá-lo e se esforce para apagar esse período negativo. Reconstitua o vínculo da cordialidade'.

Aí, a pessoa relaxa. Nesse ponto, colocamo-nos à disposição para ouvir a ambos os parceiros: 'Tente trazê-lo(a) para conversar comigo; eu gostaria tanto de o(a) conhecer'.

Às vezes, quando é uma mãe cujo filho não vem, ou uma senhora cujo marido se recusa, eu aconselho outro estratagema: 'Diga-lhe, na primeira oportunidade, que está necessitando ir ao Centro Espírita tal, mas que tem medo de fazê-lo a sós, à noite. E peça-lhe: *Você me levaria, Fulano?*'.

Devemos instruir a mãe ou a esposa para não dizer que é o outro quem está precisando, porque este reage. A esposa ou mãe reforçará a ideia de que é ela mesma quem está precisando de ajuda e que não gostaria de ir a esse lugar a sós. Se for a esposa, diga-lhe: 'Muito bem, eu não sou viúva de marido vivo. Você me leva e fica à porta'.

Dessa forma a pessoa quebra o tabu e termina por vir também à entrevista. E apresentada, o atendente sorri, diz-lhe uma palavra amiga, envolve-a em simpatia. Abre-se-lhe uma porta. É preciso deixar a porta sempre aberta.

Jamais dizer ao paciente que ele está com obsessão – tenho sempre enfatizado isto. Temos que acabar com essa *praga*, porque, de alguma forma, todos somos obsidiados em maior ou menor grau. Quando não temos a alo-obsessão – a obsessão de fora –, temos a auto-obsessão. Um conflito nosso não é uma auto-obsessão? Uma ansiedade também é uma auto-obsessão.

Abrindo um parêntese: eu estive lendo, ontem, alguns apontamentos da lavra de Chico Xavier, reunidos pela *Folha Espírita*, fruto da larga convivência do médium com a Dra. Marlene Severino Nobre. Eu estive folheando-a e fazendo uma viagem a Pedro Leopoldo, a Uberaba, e relendo algumas de suas palavras.

Sensibilizou-me profundamente uma narração feita pelo Chico, porque, há um mês ou cinquenta dias, foi-me possível entrar numa *faixa psíquica* muito especial, numa *onda vibratória* muito particular pela qual eu ainda não tinha *viajado*.

Neste período, eu venho anotando muitas observações e falando suavemente, discretamente, soltando alguns *balões*, para não preocupar nem deprimir ninguém por causa dessas experiências que tenho vivido.

Estava realmente preocupado com tais ocorrências parafísicas. E olhando um livro, pescando um pensamento num outro, constato a legitimidade do que Kardec fala, que é a *universalidade do ensino*, da informação.

Eu me perguntava: estarei eu navegando por um rio caudaloso de Entidades perversas? Estarei em sintonia com elas? Estarei entrando nalguma faixa de obsessão muito difícil? Será que alguma Entidade mais cruel estaria utilizando-se de mim, tentando deprimir-me ou desarmonizar-me?

Estava nesses dias com esses pensamentos quando, no sábado, reflexionei: vamos ver; vamos ler a experiência de alguém mais vivido, mais sábio.

Antes, porém, recordo-me de que D. Ivone Pereira me havia narrado uma excursão que ela fez ao umbral nos anos 1930, e, mais tarde, o Dr. Bezerra de Menezes pediu-lhe que assistisse a um desfile de Carnaval na avenida Rio Branco, no Rio mesmo, para que constatasse que as máscaras vistas ali, naquela época ingênua de depravação, eram as mesmas que defrontara no Umbral.

A narração do Chico que me chamou a atenção, *universalizando* os acontecimentos, dizia respeito a determinado dia de sua vida, quando ele estava experimentando muito mal-estar. Encontrava-se com as dores cardíacas, com uma profunda indisposição. Foi ao atendimento, e mal conseguia ouvir o que as pessoas falavam. Chegando em casa, disse a Emmanuel: 'Não sei o que me está acontecendo', ao que o mentor respondeu: 'A Terra está invadida por hordas e hordas de Espíritos primários, e você está cercado (quase cem por cento) por Espíritos perversos e obsessores. Eles pretendem, a qualquer preço, obsidiá-lo. Se você, por acaso, desequilibrar-se, já pensou nas consequências? Caso você deixe de atender aos infelizes, já imaginou os resultados? Ninguém, na Terra, está imune à interferência dos Espíritos perversos e vulgares'.

Então, o Chico perguntou-lhe: 'O que irei fazer?'. 'Ouvi-los, ter piedade deles, que não são maus. Estão doentes, precisando de esclarecimento. A oitenta por cento deles você pode doutrinar. Então, converse mentalmente, onde você estiver e como se encontrar. Quando experimentar uma dor nova, um estado de alma diferente, uma situação que lhe perturbe, esclareça-os. Não os torne seus inimigos. Faça-os amigos. Porém, com vinte por cento deles você não irá conseguir, pois esses estão numa faixa de agressividade e primarismo tão grande, que nem mesmo nós outros conseguiremos sensibilizá-los. Mas a Misericórdia Divina vai alcançá-los. O fato de estarem perto de você é muito saudável, porque os seus exemplos, a sua vida, os seus atos arrastá-los-ão para o bem, e onde você estiver e eles também – porque estarão sintonizados – serão constrangidos a ouvir, a sentir e a participar de coisas positivas'.

E terminava Chico narrando que ele havia conseguido fazer excelentes amigos entre esses Espíritos. Muitos se libertaram daqueles que eram seus chefes cruéis, porém outros continuaram obstinados, e a atitude que ele teve com esses foi a de simpatia.

Há que se dizer às Entidades agressivas: 'Eu posso imaginar quanto vocês sofrem; então, não faz mal que me perturbem, porque também eu necessito evoluir'.

Retomando a nossa proposta: não rotulemos jamais, os outros, como obsidiados, o que, no fundo, é uma *vingança* nossa, quando assim procedemos.

A pessoa não veio à Casa Espírita para receber diagnóstico de tragédia, mas para conseguir a luz da libertação. E mesmo que esteja obsidiado, que já tenha passado por muitos lugares e muitos hospitais que lhe deram esse diagnóstico terrível, nós seremos os terapeutas da esperança.

Se a pessoa disser: 'Já me informaram que eu sou obsidiado', diremos: 'Bem, agora que já é, só existe uma solução: sair da obsessão. Entra-se até um ponto, de onde se começa a sair. Você já imaginou onde é o meio da rua?'. E a pessoa curiosa, responderá: '*Não sei*'. Diremos nós: 'É na letra u. O meio da palavra rua é u. Você já entrou no meio do pântano, agora está de saída. Portanto, você já está saindo da obsessão'.

Se insistir: 'Mas, disseram-me...'. Responderemos: 'Eu não quero saber o que lhe disseram. Eu desejo que ouça o que lhe tenho a dizer...'.

Procederemos assim porque a nossa proposta não é de diagnosticar enfermidades, mas oferecer a terapia do otimismo para a libertação do paciente.

Nossas sugestões para o Atendimento Fraterno estão em três itens: receber com amizade, dialogar com compaixão e propor a libertação do paciente.

Quando terminarmos com alguém, não devemos atender de imediato outro, porque estaremos encharcados do primeiro problema. Levantemo-nos, espairecamos um pouco, porque não iremos salvar o mundo, primeiro deveremos salvar-nos, ajudando os outros a se salvarem também.

Leiamos uma pequena página ou conversemos um segundinho com o recepcionista (monitor) e voltemos – assim, não ficaremos impregnados –, porque depois de três ou quatro atendimentos ficamos impregnados e o nosso ritmo perde em qualidade o que ganhamos em quantidade.

Gostaríamos de concluir, informando que os nossos benfeitores espirituais convidaram uma equipe de Espíritos dedicados à caridade para poderem ampliar a área dos serviços em nossa Casa.

Joanna nos informou ainda, esta madrugada, que ela fez uma avaliação de muitos médiuns espíritas que desencarnaram e defrontaram os equívocos da vida mediúnica da Terra. Então, pediu a Eurípedes Barsanulfo que concedesse a oportunidade a esses médiuns, que não são fracassados, mas que se equivocaram, de saírem dos cuidados dele para ficarem em nossa Casa, por um período de três anos, colaborando no Atendimento Fraterno, inspirando, participando das atividades socorristas e assistindo aqueles que aplicam passes.

Consideremos que o atendente fraterno é o psicoterapeuta; e o passista, o terapeuta da ação.

Os três requisitos para o atendente, obviamente, aplicam-se também ao terapeuta da ação. Aplicar o passe com *amizade*, conscientizar-se de que o paciente merece a sua doação, portanto, *a compaixão*, e ter em mente que está numa tarefa de *libertação* do enfermo.

O passe é uma transfusão de energias, que tem a finalidade libertadora para quem está em profunda aflição.

Considerando a gravidade desse compromisso, sigamos adiante construindo o mundo novo e tornando as nossas vidas verdadeiras lanternas colocadas no zimbório escuro desta noite moral, para que se apresentem como estrelas apontando rumos para os que se perderam na escuridão.

Votos de muita paz, de muito bom êxito e a solicitação para que o Divino Terapeuta nos guie e esteja sempre conosco".

6

AS FASES DO ATENDIMENTO

Equipe do Projeto

Absorvidas as propostas espíritas do capítulo anterior, com relação às características da ação do atendente fraterno, nada melhor do que apresentar a linguagem da Psicologia acadêmica (adaptada, bem se vê, ao escopo desse pequeno livro), ensejando-nos a percepção de que elas se completam quais peças de uma só engrenagem, e em alguns pontos se equivalem.

Uma questão levantada por psicólogos foi identificar que habilidades possuem as pessoas denominadas significativas (as que têm jeito para ajudar) que as tornam interessantes em relação às demais e se essas habilidades poderiam ser sistematizadas, a fim de ensinadas em cursos formais para profissionais da ajuda ou, informalmente, para quantos se interessam pelos outros.

Acreditando ser isso possível, Robert R. Carkhuff definiu os grupos principais dessas habilidades interpessoais, conforme citadas na obra de Clara Feldmam: *Construindo a relação de ajuda:*[6]

ATENDER: expressar de forma indireta (não verbalmente) disponibilidade e interesse pelo ajudado; *RESPONDER*: demonstrar, por gestos e palavras, compreensão por ele, correspondendo-lhe à expectativa pessoal; *PERSONALIZAR*: conscientizá-lo de que é uma pessoa ativa, com responsabilidade no seu problema, e capaz de solucioná-lo; *ORIENTAR*: saber avaliar, com ele, as alternativas de ação possíveis, de modo a facilitar-lhe a escolha (que é dele) da ação transformadora.

Estamos denominando esses quatro grupos de habilidades do atendente fraterno ou ajudador, fases do processo de ajuda, porque elas estão sequenciadas e ordenadas de forma invariável. Uma depende da outra, a primeira sendo pré-requisito para a segunda e assim por diante. Por exemplo: não se pode *orientar* sem antes *personalizar*, ou seja: delinear metas para ajudar o atendido sem antes levá-lo à compreensão de sua experiência, da mesma forma que o *personalizar* – expressão que significa a pessoa que percebe a sua individualidade – depende de um conveniente *responder*, este de um adequado *atender,* tendo-se como certo que a má preparação de cada uma dessas fases pode comprometer irremediavelmente a fase seguinte e o próprio atendimento.

Estabeleceu, ainda, o psicólogo americano citado, que a cada grupo de habilidades (ou fases) referidas corresponde uma reação favorável no ajudado, que deve ser cuidadosamente observada.

---

6. MIRANDA, Clara Feldman de; MIRANDA, Márcio Lúcio de. **Construindo a relação de ajuda**. Belo Horizonte: Editora Crescer.

Assim sendo, quando o ajudador (atendente fraterno) *atende,* e atende bem, o ajudado *envolve-se,* ou seja, adquire a capacidade de se entregar, confiante, ao processo de ajuda. Quando o ajudador *responde* bem, o ajudado *explora-se,* ou seja: adquire a condição emocional para perceber a situação em que se encontra naquele momento em que pede ajuda. Durante o *personalizar* deve acontecer o processo do *compreender* no ajudado, isto é: ele ir mais fundo no exame de si mesmo a ponto de estabelecer, pela reflexão, ligações de causa e efeito entre os vários elementos presentes na sua experiência de vida, de modo a definir aonde quer chegar. Por fim, a capacidade de *orientar* abre, no ajudado, a possibilidade para o *agir,* que é o movimento interno da alma para sair de uma posição psicológica para outra mais adequada e felicitadora, libertando-se.

Essa trajetória, que vai do envolver-se à ação transformadora, talvez não aconteça plenamente num único encontro. Que haja outros, não necessariamente com o mesmo atendente fraterno, por isso voltamos a enfatizar a importância de se dispor, no Centro Espírita, de uma equipe coesa e que vibre em uníssono sob a regência de idênticos princípios.

Quando nos referirmos a um termo para o processo, não falamos de modo absoluto, porque o processo formal do serviço cede lugar naturalmente para a vivência espírita, (quando o ajudado adere ou se vincula) ou para a atuação social para a qual converge, em última análise, o produto do atendimento fraterno. Isto se consubstancia no fato de que um dos efeitos mais salutares que ocorrem naquele que passou pelo Atendimento Fraterno e honestamente se permitiu ser ajudado é a capacidade que adquire de escolher, de futuro, novos e eficientes ajudadores, acelerando o seu processo de transformação íntima e crescimento espiritual.

Agora, é de obrigação, para maior clareza, que detalhemos que habilidades compõem cada grupo ou fase do processo de ajuda:

ATENDER envolve desde o cuidado com o ambiente físico (decoração, conforto, pessoal de recepção) ao próprio comportamento de polidez e de interesse do atendente, que deverá saber receber, ter posturas adequadas durante a entrevista, aproximar-se (não criando distâncias, por superioridade ou excesso de formalismo), prestar atenção (concentrando-se para ouvir bem e observar as reações do outro).

Queremos particularizar, neste tópico, uma habilidade especial: o saber ouvir, que, além de impressionar positivamente pelo grau de empatia que vincula ajudador e ajudado, assegura, através da memorização, a evocação dos elementos fáticos e opinativos que o ajudado expressa, favorecendo a orientação. Nada pior do que um ajudador que não presta atenção e que a cada momento precisa recapitular com perguntas o que ouviu.

É nessa fase do ouvir que começa a brotar na mente do atendente a inspiração dos bons Espíritos, que deve ser guardada para, no momento próprio, nas fases seguintes do atendimento, basear a sua orientação.

RESPONDER não significa tão somente a devolução de respostas às perguntas formuladas pelo atendido. Responder perguntas é só uma parte desta fase. Responder é identificar e confirmar com o próprio ajudado o seu problema principal, escoimando-o dos acessórios inúteis de sua mente em confusão. É expressar, com os próprios, os sentimentos do outro. É, enfim, perceber a linguagem corporal do outro e o que ela representa como mensagem a ser correspondida adequadamente.

Não há destaque no Atendimento Fraterno para o ato de perguntar como iniciativa do atendente, porque a ele pouco é dado perguntar, só o devendo fazer nas seguintes ocasiões:

1 – Quando não entendeu.

2 – Quando o ajudado, mesmo estimulado, não consegue se expressar, não consegue traduzir seus sentimentos ou está perdido no âmbito de suas divagações.

PERSONALIZAR é o momento de fazer o ajudado se descobrir como pessoa, perceber o fato de que não é um passivo diante de sua experiência, mas um atuante, uma pessoa responsável por seus atos, pensamentos e emoções, alcançando a compreensão de que os outros podem ser, tão somente, agentes estimuladores dessas emoções (positivas ou negativas). A partir daí, ele toma consciência de deficiências que precisam ser alijadas e qualidades a serem aperfeiçoadas no esforço da reconquista do equilíbrio íntimo.

Este é um processo muitas vezes doloroso, mas necessário, por ser a antecâmara do autodescobrimento, que só pode ser alcançado pelos caminhos do amor, quando o atendente é capaz de passar essa chama divina, através de palavras e atitudes gentis, e quando o atendido é capaz de recebê-la através de uma entrega confiante e esperançosa.

É por esta razão que se afirma serem as duas fases iniciais do atendimento, *o atender* e o *responder*, praticamente definidoras do sucesso da ajuda, pois estes são os momentos do contato pessoa a pessoa, em que o amor deve penetrar a alma do atendido, predispondo-a à transformação. É preciso que haja certa instantaneidade, como uma reação química para que esse fogo divino passe de um indivíduo para outro, sendo esta a razão para o sucesso dos atendentes fraternos carismáticos e afetuosos.

Implantada a confiança por meio do amor, o parto do autodescobrimento se dá, em níveis mínimos que sejam, compatíveis com o *estágio* consciencial de cada um; predisposto está o atendido para receber a orientação, como um campo a ser semeado, prenunciando uma colheita futura de bênçãos. Isto, porque a semente – a Doutrina Espírita – é de excelente qualidade.

ORIENTAR será a parte mais fácil, se o atendente conhece a Doutrina, cabendo-lhe organizar a sua expressão de forma clara e simples para transferi-la para o atendido como informações práticas, a partir das quais se definirá um plano de ação, que o atendido deverá seguir por iniciativa própria, objetivando a solução almejada.

7

O SABER OUVIR

Equipe do Projeto

No desempenho da função do atendente fraterno, um fator muito importante é a qualidade do ato da audição: ouvir bem.

Normalmente, as pessoas, embora procurando escutar atentamente, só se inteiram da metade do que ouvem. No período de minutos conservam somente um percentual muito baixo daquilo que ouviram. Considerando-se a variedade e a qualidade de fatores que influem sobre a audição, ouvir é a habilidade mais descuidada da comunicação humana.[7]

Retiramos de texto de autor desconhecido (por nós) os seguintes preciosos ensinamentos:

"Ouvir é mais produtivo que falar, em todos os níveis. A pessoa que sabe ouvir é mais simpática, conquista o interlocutor e, acima de tudo, acrescenta ao seu próprio patrimônio cultural a informação que o outro exterioriza.

Interromper constitui violação do principal objeto da comunicação humana na audição: fazer com que o

---

7. PENTEADO, J. R. Whitakew. **A técnica da comunicação humana**. Livraria Pioneira Editora.

outro fale. Observações e comentários podem ser guardados até o final da exposição, quando sempre haverá tempo para dirimir dúvidas.

Ouvir é renunciar. É a mais alta forma de altruísmo, em tudo quanto essa palavra significa de amor e atenção ao próximo.

O ato de ouvir exige de quem ouve associar-se a quem fala. É necessário empenho de quem fala para fazer-se compreender.

Qualquer pessoa pode melhorar sua capacidade para ouvir. Ouvir é uma técnica mental que pode ser aperfeiçoada com treinamento e prática".

Na predisposição para o ato de ouvir influem fatores físicos e mentais.

FATORES FÍSICOS

– *Temperatura*: tanto o calor como o frio excessivo prejudicam a audição. O calor irrita, e a irritação produz mal-estar, indisposição e cansaço. Por sua vez, o frio excessivo deprime, levando a um baixo índice no ato de ouvir.

– *Ruído*: quando intenso, perturba a audição da mesma forma que o silêncio absoluto. Foram realizadas experiências na área da audição, por técnicos em comunicação humana, chegando-se à conclusão de que não existe grande diferença no rendimento do ato de ouvir em ambiente barulhento ou silencioso, a depender da capacidade auditiva de cada pessoa.

– *Iluminação*: local demasiadamente iluminado perturba a expressão facial e os gestos da pessoa que está falando, concorrendo para prejudicar a audição. Conveniente evitar-se a meia-luz, tratando-se de narrativas sérias, como no caso do atendimento fraterno, quando se exige a atenção de quem ouve, e um controle e acompanhamento das expressões corporais do atendido. Iluminação normal, portanto.

– *Meio ambiente*: a preocupação com a preparação ambiental é imprescindível não somente no seu aspecto físico, mas sobretudo no âmbito da psicosfera do local onde ocorre a relação de ajuda, pois os mentores espirituais do trabalho ajudam os atendentes através da inspiração e da intuição. Deve ser, portanto, um local onde não haja o transitar de pessoas, tampouco atividades incompatíveis com tarefas de ordem espiritual.

– *Condições de saúde*: a capacidade de atenção de quem está ouvindo é afetada no processo da comunicação humana quando qualquer estado anormal de saúde física ou psicológica se implanta. Por isso é recomendável que o atendente fraterno abstenha-se da tarefa quando doente ou mal-humorado.

Em se tratando de deficiência auditiva, da parte do atendente ou do atendido, a relação de ajuda fica comprometida. Por este motivo, o atendente fraterno deve fazer avaliação periódica de sua audição. A deficiência inconsciente exerce influência sobre o sistema nervoso, provocando reações imprevisíveis durante o inter-relacionamento. Quem ouve mal, e não sabe, irrita-se com facilidade.

FATORES MENTAIS

– *Indiferença*: o atendente desinteressado não ouve bem. Nada pesa mais no autoamor do atendido do que a indiferença com que está sendo ouvido. Quando se consegue deixar de lado o egoísmo, com o objetivo de ouvir, descobre-se que as pessoas merecem a nossa atenção e têm dificuldades e problemas que pretendem partilhar conosco.

– *Impaciência*: o ato de ouvir exige, de quem ouve, associar-se a quem fala para fazer-se compreendido, e de quem ouve para compreender. Qualquer emoção perturba o processo da audição. As impaciências são todas emocionais, portanto, desajustadoras do equilíbrio nervoso de quem está ouvindo.

– *Preconceito*: o antagonismo apaixonado impossibilita o ato de ouvir bem. A concordância irrefletida também. A maior dificuldade na audição está na pessoa comportar-se objetivamente. Na sua impossibilidade, deve-se tentar a empatia, fazendo uma projeção imaginativa para colocar-se no lugar de quem está falando. O preconceito distorce a audição e o ouvinte passa a concentrar-se na procura de detalhes, de minúcias reais ou imagináveis, que lhe permitam refutar ou aceitar o que ouve.

– *Preocupação*: a palavra significa ocupação antecipada. Preocupar é prender a atenção em pensamentos que fervilham na mente da pessoa que está ouvindo. Com atenção presa a uma ocupação antecipada, não será possível ouvir bem. A audição é uma ocupação interna e exige atenção total. A preocupação é intermitente e, por norma, não se deve ouvir o atendido quando o ouvinte estiver preocupado. Trata-se do silêncio mental que o atendente se deve esforçar por adquirir.

– *Ansiedade*: um hábito que deve ser corrigido. O ouvinte ansioso para provar a sua rapidez de conclusão, antecipa as palavras do interlocutor, dizendo: "Já sei o que você vai dizer". Como não poderia deixar de ser, equivoca-se por precipitação, enganando-se quanto ao que iria dizer a pessoa que faz a narrativa.

Isto demonstra dificuldade de concentração, provocando uma atenção difusa (e não dirigida) com características de desinteresse, indiferença e uma série de fatores que concorrem para se ouvir mal, sem que exista na pessoa que está ouvindo qualquer defeito do aparelho auditivo.

Como as pessoas estão mais propensas a falar do que a ouvir, habituadas a interromper, acontece um efeito desagradável quando dois indivíduos resolvem falar ao mesmo tempo, convencidos de que se farão ouvir levantando o timbre de suas vozes.

Exercício prático

Consiste em um método bem simples, mas de resultados positivos, promover leituras de textos em voz alta, enquanto os demais se concentram no que está sendo lido. No final, cada um dos candidatos é convidado a fazer um resumo do que se acabou de ouvir.

Os resultados são comparados e comentados entre todos. A experiência é repetida, até que o nível de compreensão e reprodução seja considerado satisfatório pelo grupo.

Nada melhor do que terminar esse capítulo com as palavras de Marco Prisco, Espírito, extraídas do livro *Legado kardequiano*,[8] psicografia de Divaldo Franco:

---

8. FRANCO, Divaldo Pereira; PRISCO, Marco [Espírito]. **Legado kardequiano**, mensagem "Escute ajudando", psicografada pelo médium Divaldo Franco.

Aprenda a ouvir aqueles que lhe buscam o auxílio: escutar para socorrer é uma arte valiosa.

Favoreça o narrador com a expressão do seu interesse e o carinho da sua atenção.

Acompanhe a exposição, participando dela com emoção, para que você se inteire da necessidade que lhe bate à porta.

É certo que você não poderá solucionar todas as dificuldades que lhe serão apresentadas. No entanto, poderá sempre oferecer uma palavra oportuna, vestida pelo seu calor e confiança fraternal.

Muitos corações angustiados se recompõem, quando explicam as suas dores a alguém compadecido.
Diversos se renovam mediante um conselho salutar.

❖

Não se escuse com "falta de tempo".
Não exclame: – *Que amolação!*
Não evite o sofredor, justificando: – *Nada posso fazer!*
Você possui alguma coisa para dar.

❖

Se alguém o busca, honrando a sua pequenez com o tesouro da confiança plena, detenha-se a escutar para atender.

Um silêncio feito de entendimento significa participação cristã na agonia alheia.

Enquanto você ouve a voz lacrimosa do aflito, conjeture, se aquele fosse o seu óbice, quanto você gostaria de receber socorro, e compreenderá por que razão o buscam os sofredores.

Sabe você que ninguém vive sem outrem que lhe escute as queixas ou lhe mitigue a sede de afeto.

Seja o coração que escuta ajudando.

"O sábio estuda as leis da matéria" para solucionar os problemas que lhe dizem respeito, mas o "o homem de bem estuda e pratica as da alma".

❖

Narram as Escrituras que nem todos os doentes que procuraram o Senhor foram recuperados; no entanto, não há notícias de que Ele tenha recusado os ouvidos àqueles que O buscavam confiantes nas promessas do Reino de Deus.

8
A EMPATIA

Suely Caldas Schubert

Segundo o dicionário "Aurélio", empatia quer dizer: sentir o que se sentiria caso estivesse na situação e circunstância experimentadas por outra pessoa.

A palavra empatia vem de *einfühlung*, termo usado por psicólogos alemães, que significa, literalmente, "sentir dentro". É derivada do grego *pathos*, que quer dizer sentimento forte e profundo semelhante ao sofrimento e tendo como prefixo a preposição *in*.

Difere de simpatia, que exprime *sentir com*.

A empatia é um estado de identificação mais profundo da personalidade, a tal ponto que uma pessoa se sinta *dentro da outra* personalidade. É nesta identificação que o verdadeiro entendimento entre as pessoas pode ocorrer.

O primeiro passo para que a pessoa alcance essa condição é a *simpatia*, ou seja, *sentir com*. Assim, o atendente fraterno deve ter facilidade de simpatizar com as pessoas, de *sentir com* cada uma os sofrimentos e dificuldades que atravessam, e sentir-se solidário.

A empatia denota um estágio mais avançado e, pode-se dizer, é a essência do amor. Somente aquele que ama ao próximo tem a capacidade de "sentir dentro", isto é, de mergulhar no mundo dos sentimentos alheios e captar-lhes a mensagem silenciosa, os apelos, a busca, e, em profunda doação, transmitir a palavra certa, permeada desse amor desinteressado e terno que transcende ao entendimento comum.

Empatia é disposição para transcender as limitações do tempo ("eu tenho tempo para lhe ouvir") e os próprios conteúdos emocionais, pessoais do atendente ("eu me coloco à sua disposição, e neste momento você é a pessoa mais importante e os seus problemas são o centro do meu interesse"). É ainda a garantia de que o conteúdo das declarações é absolutamente sigiloso, por mais trágico seja, porque significa a verdade de quem fala, verdade essa muitas vezes dolorosa, terrível ou agressiva.

A pessoa empática é aquela que consegue ou se esforça para conseguir evitar que seus princípios e valores interfiram no depoimento de quem fala, permitindo que esta fala seja integral, atingindo, desta forma, o objetivo do Atendimento Fraterno, que é oferecer espaço, atenção e amor fraternal para que o outro se libere, o mais possível, de seus conteúdos emocionais negativos.

Alfred Adler assim se expressa sobre a empatia:

"A empatia ocorre no momento em que um ser humano fala com o outro. É impossível compreender outro indivíduo se não for possível, ao mesmo tempo, identificar-se com ele... Se buscássemos a origem dessa capacidade de agir e sentir como se fôssemos outra pessoa, iríamos encontrá-la na existência de um sentimento social inato. Na realidade, ela é um sentimento cósmico e um reflexo do encadeamento de todo o cosmo que vive em nós. É uma característica inevitável do ser humano".

A capacidade de *empatizar* denota amadurecimento espiritual, que é progressivo e se desenvolve, cada vez mais, exatamente proporcional à medida que a pessoa aprofunda a sua disposição de amar ao próximo e, em última análise, a vida em todas as suas formidáveis expressões.

A Doutrina Espírita abre perspectivas ilimitadas nessa área, convidando o indivíduo a exercer a caridade plena, tal como assinala a questão 886 de *O Livro dos Espíritos,* quando os instrutores da Vida maior lecionam que a verdadeira caridade consiste na "benevolência para com todos, indulgência para com as imperfeições alheias e perdão das ofensas".

Para os serviços de Atendimento Fraterno, o significado da empatia amplia-se e torna-se, realmente, na capacidade de amar ao próximo, consoante o inolvidável ensinamento de Jesus, que sintetiza tudo isso em plenitude: "Amar ao próximo como a si mesmo".

MAY, Rollo. **A arte do aconselhamento psicológico.**

9
RECOMENDAÇÕES PRÁTICAS PARA OS ATENDENTES

Equipe do Projeto

– Não prometer curas ou estabelecer certezas

Uma das finalidades do Atendimento Fraterno é ajudar pessoas a redirecionarem suas vidas em função de uma melhor compreensão das dificuldades a que estão jungidas, a adotarem atitudes mais favoráveis à harmonização íntima de que carecem.

O atendente fraterno deve ser positivo, estimulante e animado para influenciar as pessoas a fazerem as mudanças necessárias à conquista de si mesmas, avançando no rumo do progresso e da paz.

Porém, deve trabalhar sempre com o relativo, fugindo às declarações extremadas, carregadas de promessas maravilhosas, que nem sempre os atendidos estão em condições de construir ou delas são merecedores.

O Atendimento Fraterno está voltado para a solução dos problemas caracterizados por falta de ajustes da personalidade na vida íntima da pessoa. Jamais o maravilhoso, a revelação com relação ao mágico e ao místico poderá contribuir eficazmente para a solução de tais necessidades.

Deve-se deixar bem claro, isto sim, que Deus ajuda incessantemente, na medida do esforço e da boa vontade de cada um, e que nenhuma ação no bem nem qualquer movimento da alma no sentido de reparação das faltas ficarão sem resposta.

– Recusar gratificações, atenções ou distinções especiais

Tais encômios poderiam ser vistos como pagas indiretas. Todos os que trabalham nas casas espíritas, servindo aos propósitos do Consolador na Terra, já sabem que o "dai de graça o que de graça recebestes" é regra insubstituível. A confiabilidade de uma Casa Espírita repousa na observância desse princípio ético que, não sendo único, é fundamental, como base de apoio para todos os demais.

– Evitar opiniões pessoais

O suporte para o aconselhamento num serviço de Atendimento Fraterno de uma Casa Espírita está nos postulados da Doutrina Espírita. Ela representa hoje, na Terra, a concretização da promessa do *Consolador Prometido*. As pessoas buscam o Centro Espírita porque estão sequiosas por esse Consolador, que lhes esclarecerá as razões do sofrimento, ao mesmo tempo apresentando para elas a metodologia capaz de libertá-las. Sonegar esse "divino alimento" aos que dele precisam, dando-lhes, em troca, opiniões pessoais, pode ser qualificado como traição ou burla injustificável e de graves consequências.

– Não interferir em receituários médicos

Ainda que seja médico, um atendente fraterno não deverá fazê-lo. E se não for, mais grave ainda o procedimento, por falta de competência para o desiderato.

O que leva muitas vezes a se agir dessa forma é a euforia, a confiança na força transformadora da Doutrina Espírita e na eficácia da terapêutica espírita.

Essa confiança, que deverá ser mantida, bem se vê, não invalida a excelente contribuição desempenhada pela Medicina, pela Psicologia e outras Ciências que se envolvem com a saúde humana, dádivas de Deus que são, ajudando-nos na preservação da vida e na conquista de condições mais favoráveis para o exercício de nossas funções, e que se somam, isto sim, às possibilidades da terapêutica espírita.

Às vezes, o impulso surge na mente do atendente, interessado honestamente no bem-estar do atendido, para sugerir este ou aquele profissional da saúde, de sua preferência. Que se contenha, porque não é da sua função fazer indicações dessa natureza, muito menos em substituição aos já escolhidos pelo atendido, pois, nesse caso, estaria interferindo na decisão do outro e assumindo uma responsabilidade grave que lhe não compete.

– Manter privacidade, mas não vedação absoluta da sala

A privacidade é da estrutura do próprio serviço. Um local em que a pessoa possa falar sem ser escutada e expressar suas emoções de forma mais reservada.

Não há necessidade, todavia, de se fechar a porta e mantê-la trancada, como se estivéssemos guardando "delicados segredos".

O ato de se manter a porta apenas encostada garante essa privacidade, ao mesmo tempo deixando-se certo acesso para alguma providência que se faça necessária, e o atendido, que vem pela primeira vez, mais tranquilo, por não estar totalmente isolado da sala de recepção, das pessoas que ali estão, dos próprios amigos ou parentes que o levaram àquele encontro.

A medida, por que não dizê-lo, é também uma precaução para o próprio atendente, que não está isento das ciladas que lhe podem ser armadas através de pessoas em desarmonia íntima que acorrem ao Atendimento Fraterno. A porta apenas encostada inibe um pouco as arremetidas do desequilíbrio, permitindo-se que rapidamente alguém seja chamado para ajudar.

– FALAR COM SIMPLICIDADE

O vocabulário do atendente deve ser ajustado à cultura e possibilidades de compreensão do atendido. Não é necessário violentar-se, mas proceder de tal forma que a comunicação se estabeleça, sob pena de comprometer a própria relação de ajuda. Aliás, a boa técnica da comunicação dita a necessidade de se verificar, durante a conversação, se está havendo compreensão de parte a parte, o que poderá ser percebido pelas reações emocionais, posturas ou mesmo através de perguntas habilmente formuladas.

Nós, espíritas, particularmente, deveremos tomar cuidado ao lidar com os não espíritas por causa do vocabulário específico da Doutrina Espírita.

– ATENDER O INDIVÍDUO, DE PREFERÊNCIA, SOZINHO

São comuns as inibições e constrangimentos que presenças aparentemente inofensivas provocam. Quantas vezes pessoas afins (pais, maridos, esposas etc.) acompanham os seus afeiçoados aos gabinetes de Atendimento Fraterno não para ajudar, mas para fiscalizar, colocar seus pontos de vista, recalcando os dos seus entes queridos.

O atendente deve sugerir delicada e habilmente que cada um seja atendido separadamente, porém, em hipótese alguma, recusar-se a fazer o atendimento em grupo.

Tal recomendação, às vezes, inverte-se: quando o atendido não tiver condições de assimilar a orientação, em face das suas desarmonias íntimas, a presença de um acompanhante poderá ser bastante útil.

– NÃO FAZER REVELAÇÕES

Comentários sobre vidências de Espíritos, revelações do passado, cenas de outras vidas etc. são claramente indesejáveis, prejudiciais e despropositados na maioria dos casos.

Quando ocorrem tais fenômenos com o atendente (e são extremamente raros), é para orientá-lo, dar-lhe mais segurança no atendimento, e não para que revele ao seu interlocutor o que está acontecendo.

Cuidados não serão poucos para que o prazer egoico de se colocar em evidência não estimule semelhante procedimento.

– **Não doutrinar Espíritos durante o atendimento**

Incorporações ocorrem, algumas vezes, através dos próprios atendidos em situação de descontrole emocional, obsessão instalada ou afloramento de mediunidade. A postura correta do atendente fraterno é chamar à lucidez o atendido-médium para que o Espírito se afaste. Pode ser necessária uma breve exortação austera ao Espírito com este propósito, seguida, em casos renitentes, de passes dispersivos.

Não se trata de descartar uma presença indesejada, mas assegurar a harmonia de ambos, o Espírito e o atendido-médium, bem como do ambiente.

– **Não utilizar-se de informações do Atendimento para orientar doutrinadores de reuniões mediúnicas nem informações destes para orientar o atendimento**

A experiência do Atendimento Fraterno é de uso pessoal para o atendente. Qualquer julgamento que ele faça não passa de um julgamento, de uma presunção. Como passar para outrem esse material informativo, que em si mesmo é apenas uma verdade parcial, relativa, sabendo-se que ele sofrerá outras tantas adaptações ao serem transferidas para terceiros, deformando-se mais ainda?

Por outro lado, os médiuns e doutrinadores que atuam nas reuniões mediúnicas precisam exercer as suas funções em absoluta liberdade, sem peias, livres das sugestões alheias a fim de assumirem a responsabilidade do que fazem, imunes de quaisquer sugestões que os induzam ao erro.

A discussão desse assunto vem a propósito de práticas dessa ordem que se vêm vulgarizando e fazendo escola no Movimento Espírita.

Quando é o próprio atendente fraterno que, em sendo médium ou doutrinador, percebe, nas reuniões mediúnicas, presenças espirituais ligadas à pessoa por ele atendida, o caso é diferente. As identificações, nessas oportunidades, que são muito comuns, constituem ajudas, informações adicionais valiosas para nortear o seu trabalho.

– NÃO ENCAMINHAR OU INDICAR PESSOAS PARA REUNIÕES MEDIÚNICAS

Já é por demais conhecida a recomendação de que a reunião mediúnica não é um gabinete de terapia para os encarnados, diretamente, mas para os desencarnados. Do Atendimento Fraterno para a reunião mediúnica nenhuma pessoa deve ser encaminhada, sob pretexto algum, nem para receber ajuda momentânea, tampouco para aferir se a pessoa é médium, e muito menos para ser um dos membros, o que requer uma preparação bem cuidada, estudos e integração na Casa Espírita. Ver nossa obra: *Reuniões mediúnicas*.

– NÃO ASSEVERAR PARA O ATENDIDO: "VOCÊ É MÉDIUM"

Não raro, pessoas chegam ao Atendimento Fraterno com sintomas presumíveis de mediunidade em afloramento.

É muito comum que os "entendidos", em se acercando delas, afirmem peremptórios: "Você é médium".

O Atendimento Fraterno tem por filosofia ajudar essas pessoas a se descobrirem. Assim sendo, todo o trabalho se desenvolverá no sentido de orientá-las para o estudo da Doutrina Espírita e de si mesmas, de tal maneira que cada uma, em se percebendo, diga: "Tudo indica que eu sou médium. Vou criar as condições para experimentar, como recomendava o codificador, condição única para se ter certeza do fato".

– Não atender incorporado (transe mediúnico)

Em nossa proposta, o Atendimento Fraterno é trabalho dos homens para os homens.

A mediunidade nesse serviço se expressará sob o aspecto da inspiração e capacidade de intuir, mas nunca por meio do transe mediúnico. Mesmo porque, esse é um trabalho de equipe, não se admitindo que uns atendam ostensivamente mediunizados e outros não.

Há inúmeras referências no Movimento Espírita a atendimentos feitos por Espíritos incorporados, as tradicionais consultas, que mais não são do que compromissos pessoais de alguns médiuns, em tarefas de aprendizagem (nesse campo ninguém para de aprender).

Queremos dizer que tais casos não passam de fases transitórias na trajetória mediúnica do sensitivo, enquanto adquire confiança para orientar, de forma lúcida, em sintonia apenas inspirativa com seu mentor. Começam atendendo em transe para prosseguirem, adiante, quando mais experientes, sob a influência da onda inspirativa, da corrente mental dos mentores espirituais.

Ocorre que a estagnação do médium torna-o, muitas vezes, dependente do transe por trás do qual se esconde para não assumir a responsabilidade direta do atendimento. E, porque não confia, retarda o momento de exercer a mediunidade inspirativa plena a que está fadado. Algumas vezes, a motivação é oposta: em vez do receio, move-lhe a ânsia do poder místico que a mediunidade ostensiva proporciona entre as pessoas não familiarizadas com a Doutrina Espírita, para quem falar com os Espíritos "é o máximo".

– NÃO ESTIMULAR QUE O ASSISTIDO, EM ATITUDE DE QUEIXA, REVELE OS NOMES DOS CENTROS ESPÍRITAS POR ONDE PASSOU

Trata-se de uma medida ética, acautelatória, para deixar o atendente livre, de modo a orientar a pessoa com espontaneidade e seguro de não estar estimulando que se veiculem a palavra de descrédito, o conceito desairoso a respeito de instituições coirmãs.

O atendente fraterno deve ser enfático: "Não me revele nomes, pois do contrário eu não me sentirei à vontade para orientá-lo".

10

Estudos de casos

Caso 1 – Problema psíquico ou obsessão?

Suely Caldas Schubert

Narrativa:

Apresentou-se, na Sociedade Espírita Joanna de Ângelis, de Juiz de Fora – MG, um casal com o filho de 16 anos, para o qual pediam orientação e ajuda, visto que o jovem estava com depressão e muito angustiado.

O atendimento foi realizado com a presença da mãe, através da qual ficamos sabendo que Lincoln (nome fictício) tinha vida normal, era estudioso e praticava esportes.

– *No início do ano em curso, meu marido resolveu tirá-lo do colégio onde cursava o segundo grau e matriculá-lo em outro. No primeiro dia, no novo colégio, meu filho passou mal em plena sala de aula, tendo que se retirar apressadamente, sentindo uma aflição inexplicável, medo e sensação de que iria desmaiar. A partir desse dia, embora tentasse, não conseguiu ir às aulas. O estado de angústia tornou-se intenso e não teve mais condições de sair com os colegas antigos, fechando-se em casa, tendo crises de choro, insegurança, medo e profundo abatimento.*

Voltou a mãe a ressaltar as qualidades de Lincoln: – *É excelente filho, estudioso, bom gênio, muito educado e de relacionamento normal com os pais e a irmã mais nova.*

A senhora, prosseguindo, comentou que, ao surgirem os primeiros sintomas, foram aconselhados a levar o filho a um Centro Espírita. Isto não seria difícil, pois já estavam frequentando o Espiritismo há algum tempo, assistindo a palestras em casas diversas e lendo obras espíritas.

Durante o seu relato, Lincoln também forneceu alguns detalhes, porém com certa dificuldade, pois se emocionava às lágrimas. Era evidente que se tratava de um rapaz dócil, fino, muito educado, de bons sentimentos (inclusive, já participara de reuniões de jovens numa das instituições espíritas da cidade), sem vícios e de excelente conduta.

– *Fomos eu, meu marido e Lincoln* – continuou a senhora – *ao Centro Espírita que nos indicaram e levamos o caso ao conhecimento das pessoas incumbidas desse trabalho, sendo por elas orientados de que se tratava de uma obsessão grave. A convite, participamos de reunião de desobsessão, na qual diversos Espíritos comunicaram-se, dizendo-se inimigos ferrenhos do nosso filho e da família. Ele ficou ainda mais apavorado. Resolvemos tentar outro local, e o fato se repetiu de forma semelhante por mais duas vezes. Invariavelmente ouvíamos esclarecimentos de que eram obsessores terríveis e foram feitas "revelações" do passado da família.*

Após o relato da mãe, pedimos ao próprio Lincoln que narrasse, se fosse possível, os sintomas que o acometiam desde a primeira vez. Ele o fez, com algum esforço.

Ao procurarmos saber se haviam recorrido a um médico ou psicólogo, responderam que não, pois, devido à afirmativa de que era obsessão, julgaram que só através do Espiritismo teriam solução para o problema.

ORIENTAÇÃO:

Procuramos explicar que existem certos sintomas que podem ser confundidos com obsessão e que, no caso de Lincoln, tudo indicava ser outro o diagnóstico, embora pudesse haver também um componente de ordem espiritual negativa (instintivamente pensávamos tratar-se de *síndrome do pânico*, mas não o mencionamos para não ferir a ética, já que não temos formação profissional nessa área). Aos poucos, animando-os sempre, procuramos evidenciar que deveriam consultar um médico, no que concordaram, informando-nos de que já estavam pensando em fazê-lo. Acrescentamos que se poderia realizar um tratamento espiritual simultâneo.

E porque ambos, mãe e filho, insistissem em saber se era um caso de obsessão grave, respondemos que, a nosso ver, tratava-se de outro problema, coisa que só o médico poderia afirmar. Outro ponto importante foram as perguntas que fizeram sobre as orientações que receberam para participar de reuniões de desobsessão. Esclarecemos que não eram indicadas, explicando que, infelizmente, existem pessoas, embora bem-intencionadas, que por falta de estudo da Doutrina Espírita levam outras a cometerem enganos.

Comentários:

Lincoln foi a um psiquiatra e teve o diagnóstico de *síndrome de pânico*, sendo-lhe prescrita a medicação. Por outro lado, passou a frequentar a instituição, três vezes por semana, ouvindo as palestras e recebendo fluidoterapia. Ao fim de um ano, Lincoln estava com a vida normalizada. A medicação foi sendo reduzida até a suspensão. Voltou aos estudos, aos esportes e ao convívio com os amigos. Prossegue participando das atividades espíritas. Hoje, toda a família é profundamente agradecida à Doutrina pelos benefícios recebidos.

Algumas lições importantes a tirar desse fato:

1) Nem tudo é obsessão.
2) O perigo de se fazer afirmativas categóricas nesse campo tão complexo.
3) A inconveniência de se levar pessoas totalmente despreparadas ou enfermas, o que é pior, para as reuniões de desobsessão.

Caso 2 – Conclusão surpreendente:

"A culpa é minha"

José Ferraz

Narrativa:

Estava casada há cerca de 15 anos; sempre vivera em clima de compreensão e entendimento com o marido. Tinham três filhos menores que completavam a felicidade relativa possível de se conquistar na Terra.

– *Meu casamento foi estruturado dentro de uma amizade sólida e recíproca. Subitamente* – continuou a narrativa – *começaram a surgir os desentendimentos e discussões por assuntos de somenos importância, grosserias inoportunas de parte a parte. Os atritos se intensificaram de tal forma que as ameaças de separação começaram a surgir. Eu estava mais do que convencida de que tudo que vinha acontecendo era culpa do meu esposo. Foi nessas circunstâncias que procurei esta Casa, e o atendente fraterno que me recebeu, seu colega, ouviu-me atentamente, iluminou minha consciência, salvando-me de desastre iminente. Ele me orientou mais ou menos nestes termos, prescrevendo-me, verdadeiramente, uma medicação de efeito moral surpreendente.*

O Espiritismo ensina que durante a existência corporal poderemos adquirir um hábito muito saudável para o autoconhecimento. No final de cada dia, antes do sono reparador, fazermos uma revista nos acontecimentos diários para uma avaliação do nosso comportamento pessoal de referência aos semelhantes. E, quando tivermos dúvidas quanto ao mérito de algumas de nossas atitudes ou ações, colocarmo-nos no lugar do outro, nosso interlocutor, ou a pessoa com quem nos relacionamos, invertermos os papéis, ficando ele no nosso lugar e nós no dele, e perguntarmos: "Como eu gostaria que ele procedesse em relação a nós?". *Essa técnica ajuda-nos, e muito* – afirmou-me o atendente fraterno – *a afastar as máscaras de nossa personalidade, os disfarces do ego, nem sempre verdadeiro e coerente, ajudando-nos a assumir um comportamento psicológico mais saudável. Tente* – disse-me ele – *fazer a sua autoanálise, colocando em foco o relacionamento com seu marido e descubra por si mesma quem está concorrendo para essa situação preocupante, e até que ponto. Vou encaminhá-la para a terapia pelos passes e, se for do seu*

agrado, frequente as reuniões doutrinárias do Centro Espírita, onde encontrará o apoio e a inspiração para ajudá-la nessa transição difícil.
— *Pois bem* — rematou aquela senhora. — *Coloquei em prática a orientação recebida, na sua totalidade, e obtive um resultado magnífico. Com o exercício de autoanálise comecei a perceber a presença, em minha mente, de pensamentos desagregadores, hostis, ficando surpresa, sobretudo diante daquele desejo mórbido, compulsivo de acabar com o casamento; fato inadmissível para mim, em sã consciência; tudo isso acompanhado de mal-estar físico e emocional. À medida que recebia os benefícios dos passes e ouvia as palestras doutrinárias, ia gradativamente percebendo que a maior parte da responsabilidade era minha, em decorrência de reações emocionais incontroladas que, não sei como, se instalaram em mim. Passei a fiscalizar os pensamentos, procedi à mudança de atitude na forma de tratar o marido e, no momento oportuno, pedi que me perdoasse, pois descobri que não estive procedendo corretamente. Diplomaticamente, para aliviar o constrangimento reinante, o esposo também se desculpou e selamos o término do desajuste conjugal de uma forma muito carinhosa.*

Eu estou exultante de felicidade. Aqui venho para agradecer as graças recebidas nesta Casa. Muito obrigada, de coração.

Eu só ouvia. E, agora, estava ali participando daquele momento feliz, sem ter nada a dizer, nada a orientar, agradecendo também a Deus pela bênção do serviço.

COMENTÁRIO:

Nesse episódio familiar, diagnostica-se com facilidade a presença da indução obsessiva sem a percepção da *hospedeira,* caracterizada por indisposição agressiva contra o próprio marido, sem motivo aparente.

O Atendimento Fraterno se insere perfeitamente como terapia desobsessiva eficiente para esses casos.

A atuação do atendente fraterno se limitou a ouvir, exteriorizando sentimentos de amizade fraternal.

❖

A partir dos casos seguintes, adotaremos o método de sequenciar a orientação, dividindo-a em quatro fases, conforme estabelece técnica psicológica apresentada no capítulo nº 6.

O nosso propósito ao adotar esse procedimento é tornar o estudo de casos mais didático e interessante, principalmente para os que já se dedicam ou pretendem se dedicar ao Atendimento Fraterno.

Caso 3 – Desajuste psicológico agravado por componente obsessivo

José Ferraz

Narrativa:

Um pai procura o Atendimento Fraterno para solicitar orientação espírita para o filho.

Depois de acolhido, o apelante expõe o problema, falando espontaneamente:

Estou desesperado. O meu filho, 2º ano de Engenharia Química, está prestes a perder o semestre em decorrência de desajustes psicológicos intermitentes, de certa gravidade. Depois de muita persuasão, consegui encaminhá-lo ao psicoterapeuta.

Já se passaram vários meses de tratamento sem um resultado satisfatório. Os sintomas continuam: melancolia, inibição, depressão nervosa, com momentos de agressividade. Depois dessas crises volta ao normal e passa a ter comportamento adequado. Mas as crises retornam deixando a família aflita. Somos de família católica e não temos preconceito religioso. Estou recorrendo ao Espiritismo como uma tábua de salvação.

Fases do atendimento

ATENDER: Depois de ouvi-lo com atenção, disse-lhe: — *Naturalmente que é para seu filho, em primeiro lugar, que o senhor está pedindo ajuda, pois, se não fosse a situação que ele está vivendo, o senhor estaria bem. E está certo em buscar ajuda, lutar quanto pode por aquele a quem ama.*

Responder:

Pelo exposto, seu filho está acometido de uma problemática cujas raízes se encontram na mente, agravada por um componente obsessivo — influência de Espíritos doentes —, pormenor este que lhe não deve ser passado, por enquanto, para não o inquietar, piorando ainda mais a situação.

Devo dizer-lhe que o ideal seria ele mesmo vir ao Atendimento Fraterno para que nós o ouvíssemos, inteirando-nos de detalhes e impressões que, esclarecidos, poderão ajudá-lo a libertar-se da constrição que o oprime e a predispô-lo para o tratamento espiritual que precisa fazer. Até porque, em todo e qualquer processo de ajuda, não se pode prescindir da boa vontade da pessoa carente, que deve caminhar nesse sentido.

O mais importante, no momento, é que o senhor se empenhe, como fez antes ao levá-lo para o terapeuta, a fim de trazê-lo aqui. Nesse sentido, poderia o senhor mesmo frequentar algumas reuniões públicas em nossa Casa, conhecer melhor o nosso trabalho e, assim, poder passar para ele, nos momentos de lucidez, as suas impressões. Afianço-lhe, todavia, que o seu esforço de persuasão tem um limite, pois não haveria benefício algum em trazê-lo sob um estado de tensão intensa decorrente da resistência em vir, o que determinaria dificuldades outras para ele ser ajudado.

PERSONALIZAR: – Eu me permito a liberdade de sugerir que invista no próprio crescimento, porque assim poderá ajudar o seu filho. E ninguém melhor do que um pai para ajudar um filho. Equipado de conhecimentos e mais confiante, o amor, por seu intermédio, movimentará recursos imensos.

ORIENTAR: – Uma providência importante a ser tomada seria intensificar a prática da oração no lar. Embora eu saiba que, como católico, o senhor ora, há uma metodologia que nós, espíritas, chamamos Evangelho no Lar, que é muito valiosa para pacificar o ambiente doméstico, facilitando o retorno do equilíbrio. Leve esses apontamentos para a sua reflexão, e se decidir, mais adiante, implantar o Evangelho em sua casa, nós teremos o prazer de ensinar-lhe como fazer.

Deixe o nome de seu filho para as vibrações espirituais a distância, para que o incluamos em nossas orações. Conserve a sua paz.

COMENTÁRIO:

Na questão do Atendimento Fraterno, o atendente funciona como um facilitador, redirecionando a mente da pessoa com as informações preciosas do pensamento espírita e dos ensinamentos evangélicos, para estimular o desejo, que deve prevalecer, de encontrar o caminho de uma construção de ajuda mediante a iniciativa própria.

A orientação espírita é bem realista: não se pode arrastar ou obrigar ninguém a submeter-se a um processo de aconselhamento psicológico se o interessado não deseja ser ajudado. Aliás, essa é a opinião da psicoterapeuta Hanna Wolff, afirmando no seu livro *Jesus Psicoterapeuta*, que nunca conseguiu êxito fazendo terapias de análise com pacientes induzidos por terceiros a procurá-la. Todas as orientações prodigalizadas foram sempre infrutíferas.

Talvez, no fato de o filho do consulente ter ido à terapia psicológica com grande resistência, esteja a causa do insucesso do tratamento a que ele foi submetido.

Nesse particular, recorrendo ao Psicólogo por Excelência, Jesus Cristo, conforme os registros evangélicos, toda vez que O buscavam para a solução de problemas do corpo e da alma, Ele sempre inquiria: "Queres ser ajudado?". Isso significa que o primeiro passo exige iniciativa, vontade e fé, valores que não se podem transferir a outrem.

Fundamental, portanto, que haja uma decisão voluntária, um mínimo de compromisso pessoal. É preciso o estritamente necessário, um sentido íntimo, dizendo: "Eu quero ser ajudado".

Caso 4 – Pressentimento falso

João Neves da Rocha

Narrativa:

Era casada, o marido ficara paralítico e tinha 5 filhos para criar. Defrontava-se, agora, com um problema grave de saúde: estava com câncer ovariano e, no último exame, fora detectada a metástase.

Estava desesperada, antevendo a possibilidade de morrer deixando os entes queridos em dificuldade econômica.

Para acrescer a sua ansiedade, estava vivendo um instante de grande tristeza e amargura, pois, no dia seguinte, seria submetida à cirurgia e tivera um pressentimento de que não sairia com vida da mesa de operação.

FASES DO ATENDIMENTO

ATENDER: – Ao levantar-me para receber a jovem senhora, notei, de imediato, o seu descontrole emocional. Depois de nos apresentarmos um ao outro, coloquei-me à disposição para ouvi-la, o que fiz com a devida atenção. O seu relato não demorou porque ela estava ansiosa por uma palavra esclarecedora. E concluiu: "Será esse pressentimento um aviso?"...

RESPONDER: – Não, de forma alguma –, respondi-lhe.

Naturalmente – explicamos –, *nos momentos de grande tensão, ante provas excruciantes, a nossa mente perde o contato com o Divino e se envolve no manto do pessimismo, pensando só no pior. É por essa razão que você está assimilando a ideia de morrer. Não se trata de pressentimento algum. É consequência da tristeza e do medo que lhe invadem a alma neste momento de dificuldade.*

PERSONALIZAR: Após tranquilizá-la, induzimo-la a uma atitude de confiança em Deus: que ela se entregasse à Sua providência, de forma total, naquele momento de tanta expectativa e tensão. O Pai saberia ampará-la, nada acontecendo de ruim, pois Ele só para o bem age, em proveito de Seus filhos – arrematei.

Então, dissemos:

— Você, que tem sido uma batalhadora, infundindo ânimo em seus familiares em prova, acudindo o marido enfermo, será que Deus a deixaria desamparada nesta hora? Renove-se na oração para asserenar-se e enfrentar a cirurgia com coragem e bem-disposta.

Ela esboçou um discreto sorriso, prenunciador de mudanças positivas, e agradeceu.

Orientar:

Quando se dispôs a sair, propusemos-lhe:
— Deixe o seu nome para as vibrações, que nós oraremos por você, e aproveite as horas que antecedem a cirurgia para tomar passes e se preparar, mental e emocionalmente, para a intervenção...
E lembre-se: quando estiver restabelecida, retorne para dar notícias.

Comentários:

É comum, em momentos de grande tensão emocional, pessoas menos resistentes se deixarem envolver pela dúvida, desânimo, depressão, fatos de que se servem, muitas vezes, Espíritos maus e ignorantes para incutirem ideias pessimistas, gerando um quadro de obsessão simples, de graves consequências, terminando por minar a mente, em momentos decisivos em que essas pessoas precisam do máximo de força para vencer os obstáculos.

Cabe ao atendente fraterno sacudir aquela tristeza (pelo menos concorrer para isso), sendo animador e estimulador.

Analisando especificamente o caso apresentado, imaginemos que o pressentimento que passava pela mente da consulente fosse uma realidade e que se tratasse, de fato, de um presságio de desencarnação. De nada adiantaria o atendente fraterno reforçar aquela ideia que tanto a inquietava, pois isso só causaria mais desânimo, quando o que a pessoa precisava era de força, energia, confiança para continuar a sua trajetória, fosse onde fosse.

Por outro lado, uma orientação dúbia, do tipo: "Devemos estar preparados para o que quer que nos aconteça, conforme a vontade de Deus..." estaria indiretamente reforçando a ideia do óbito, conduzindo aos mesmos resultados de desestímulo e pessimismo que a consulente apresentava.

Ainda que racionalmente saibamos ser a morte uma possibilidade em casos de tal complexidade, não podemos matar o momento de esperança de ninguém, mesmo porque, ante a falta de tempo para uma conscientização demorada, optamos pelo incentivo, pela superação do conflito.

No caso, a providência era de emergência. O comando único que se impunha era estimular e estimular. O que não se pode fazer, de modo algum, é dar garantias absolutas, prometer curas e maravilhas.

Caso 5 – Orientação equivocada

João Neves da Rocha

Narrativa:

Casada, trabalhava fora do lar, tinha três filhos e um marido que a espancava periodicamente. Frequentava um Centro Espírita onde participava de um grupo de estudos da mediunidade para a educação da faculdade de que era portadora.

Impossibilitada de continuar o compromisso assumido, por não conseguir conciliar os seus afazeres domésticos e profissionais com as tarefas de educação da mediunidade, pediu licença ao dirigente do grupo para se afastar, não sabendo se temporária ou definitivamente. A resposta foi que teria de desenvolver a mediunidade de qualquer forma, senão seria uma pessoa fadada à infelicidade.

Posteriormente, passou a ter, durante o sono, pesadelos angustiantes. Sonhava com a filha caçula sofrendo vários tipos de acidentes.

Pedia orientação para as suas dificuldades no lar e queria saber se a afirmativa de seu dirigente tinha sustentação doutrinária.

Fases do atendimento

ATENDER: Fomos direto ao problema mais grave entre os que afligiam aquela mulher: as agressões de que era vítima por parte do marido ébrio.

Ela estava amedrontada. Pude percebê-lo pela expressão facial e gesticulação nervosa e, ao mesmo tempo, conflitada por reconhecer chegado o momento de tomar providências.

RESPONDER: – *Em casos dessa natureza* – dissemos-lhe – *a situação se agrava a cada hora, caminhando para um ponto insustentável.*

Você não acha que já é hora de agir? Quanto mais rápido o fizer, menos riscos correrá e mais chances terá de ajudar o companheiro enfermo. Aproveite-lhe um instante de sobriedade e de calma, quando o lar estiver harmonizado, para conversar claramente. Diga-lhe, bondosa, mas com austeridade: – "Não devo suportar mais esta situação para o bem de nós dois. Caso se repitam as agressões, terei que procurar um parente, um amigo, um advogado para me orientar nas medidas que devo tomar, a fim de que não mais passemos por tais constrangimentos. Eu gostaria, sinceramente, que a situação não chegasse a esse ponto. Estou disposta a dar os passos necessários para ajudá-lo e para salvar o nosso casamento. O que eu mais desejo é que você volte a ser o braço forte e amigo com que eu sempre sonhei, a me proteger".

— Mas eu já me ofereci para essas providências e ele não deu crédito, não se interessou nem um pouco...

— Então só lhe restam duas alternativas: tentar mais uma vez ou fazer como lhe orientamos. Analise e decida. Independentemente dessa decisão, cuide de você mesma: continue frequentando as reuniões doutrinárias, procure tomar passes, ore quanto puder, a fim de se manter em sintonia com os bons Espíritos.

Vamos, agora, à questão não menos grave da orientação que você recebeu sobre a obrigatoriedade do desenvolvimento mediúnico, para que não lhe adviessem desgraças. Devo afiançar-lhe que esta orientação é equivocada, pois não existem registros entre os postulados espíritas de que a mediunidade seja fator de desgraça ou infelicidade por ser ela, pelo contrário, um caminho de crescimento espiritual. Os fatores que preponderam no cômputo de nossos infortúnios são o passado espiritual e a conduta moral na vida presente; amar, servir, praticar o bem são formas ideais de reparar erros praticados contra o próximo e as Leis Cósmicas.

PERSONALIZAR: *— A senhora pode realizar esse programa naturalmente depois de acalmadas essas ansiedades, porque "Deus não coloca fardo pesado em ombros fracos, como afirma o brocardo popular".*

ORIENTAR: Percebendo que ela entendera e aceitara o esclarecimento doutrinário, propusemos: – *Tranquilize-se. A oração lhe fará muito bem. Quanto aos pesadelos que vêm ocorrendo, podem desaparecer se feita uma preparação mental cuidadosa antes do repouso noturno. Faça leituras edificantes, meditação sobre o conteúdo lido, oração afervorada.*

Antes de sair, deixe o nome de seu marido para as vibrações a distância e pedido de orientação espiritual.

Comentários:

O alcoolismo é, sem dúvida, um dos maiores inimigos da criatura humana. A generalização do uso de álcool vem acarretando circunstâncias dolorosas, dificultando a convivência entre os casais, desfazendo lares e promovendo toda sorte de danos à sociedade.

O Espiritismo veio revelar um componente agravante desse terrível flagelo: a obsessão. Ao desencarnar, o alcoólico permanece vitimado pelo vício, buscando sintonia com encarnados frágeis, utilizando-se do processo da sintonia mental e emocional para prosseguir no consumo do álcool, aspirando os seus vapores e emanações fluídicas, deleitando-se com o prazer mórbido da embriaguez. *Essa parasitose* obsessiva torna-se muito difícil de ser combatida, considerando-se a perfeita identificação de interesses e prazeres entre o encarnado e o desencarnado.

Analisando os pesadelos que a nossa consulente passou a experimentar a partir da orientação que recebera do seu dirigente, vemos aí uma perfeita projeção de seu inconsciente, revelando qual seria o objeto perfeito para as ameaças imaginadas. Que desgraças maiores poderiam advir da interrupção da mediunidade, senão através da filha caçula, o afeto principal e suporte emocional daquela mulher sofrida? Uma *fantasia* do inconsciente nascida do conflito, do medo imposto pela sugestão negativa e equivocada do orientador despreparado.

Por outro lado, não podemos descartar, nesses pesadelos, a influência espiritual de caráter obsessivo, pois é muito bem sabido que, durante o sono, o Espírito encarnado, liberto do corpo, encontra os desafetos, que passam a atormentá-lo ostensivamente por meio da sugestão hipnótica, promovendo distúrbios inquietantes.

CASO 6 – INDUZIDA AO ABORTO

Tânia Hupsel

NARRATIVA:

Adolescente de 13 anos, grávida, muito pobre, pensando em abortar. Baixo nível socioeconômico e sem qualquer conhecimento da Doutrina Espírita. O namorado e familiares querem que aborte, fazendo bastante pressão nesse sentido. Os pais chantageiam-na dizendo que, se não abortar, não irão ajudá-la e a colocarão para fora de casa.

FASES DO ATENDIMENTO:

ATENDER: Os primeiros momentos foram de escuta atenta.

Deixamos que aquela garota amedrontada esvaziasse, quanto pudesse, o repositório de suas aflições.

RESPONDER:

Tentando tocá-la pela afetividade, falamos do relacionamento mãe e filho e que a criança que trazia no ventre deveria estar sofrendo com ela, mas que ambas sofreriam muito mais se ela a expulsasse.

Ao tocar nesse ponto, que provocou um grande impacto na garota, começávamos a nossa orientação à luz da Doutrina Espírita.

Introduzimos a noção de reencarnação, de Espírito eterno, que sobreviveria, porém com as marcas do fato. Esse filho talvez viesse a ser o seu único arrimo no futuro, e em último caso ela poderia encaminhá-lo para a adoção.

– *É um ser vivo, pensante, não um objeto* – dissemos-lhe.

PERSONALIZAR: Relatamos casos de mães que abortaram e se arrependeram – afinal o instinto e o amor maternal são dádivas de Deus –, de outras que experimentaram complicações, até mesmo a morte, e enaltecemos o valor daquelas que, resistindo às pressões, conseguiram modificar as posturas radicais dos familiares e demais pessoas envolvidas.

Ao demonstrar-lhe que não estaria só por pior que fosse a situação, enfatizamos que, nas reuniões doutrinárias da Casa, os passes que ela recebesse e as preces que fizesse iriam fazer-lhe muito bem.

– *Afinal de contas, você é filha de Deus e está sob o amparo do Seu amor.*

Mais confiante como você certamente estará depois dessas providências, convidará seus pais e o namorado para vir conversar conosco, insistindo nesse propósito, com mais probabilidades de consegui-lo.

ORIENTAR: Após recomendar-lhe o pré-natal, indicamos os respectivos departamentos de auxílio do nosso Centro Espírita que a poderiam ajudar (consulta médica, setor de distribuição de enxovais etc.).

Pedimos que se tranquilizasse, em seu próprio benefício e no de seu filho, pois, sendo menor de idade, estava sob o amparo da lei, não podendo, portanto, ser expulsa de casa.

Mesmo esclarecendo quanto às medidas de proteção legal disponíveis (Juizado de Menores e Conselho Tutelar), demos maior ênfase à afetividade, à oração e à confiança na Divindade para o encaminhamento do problema, pois que o nosso intuito principal era substituir o medo pela confiança na paisagem de seus sentimentos.

Comentários:

As estatísticas mostram alto índice de gestação entre as adolescentes que, sem maturidade espiritual, emocional e física desejada para viver essa condição e sem apoio familiar ou da sociedade, recorrem, com frequência, ao aborto, marcando suas vidas de tal forma que nem imaginam.

A Casa Espírita pode atuar em vários níveis – assistencial, educacional e preventivo – diante desse grave problema social.

O serviço de Atendimento Fraterno, por ser o primeiro porto de recepção, orientação e encaminhamento desses e de outros casos, tem uma grande responsabilidade, não se devendo desviar do caminho indicado pela bússola da Doutrina Espírita.

Caso 7 – Compromisso ameaçado

Tânia Hupsel

Narrativa:

– Nem sei como começar. Não estou mais suportando a situação em casa: meu marido bebe e se enche de dívidas. Ele já prometeu, várias vezes, parar de beber, e não consegue. Estou desesperada. Meus filhos estão vivenciando todo o problema, mas tenho medo de me separar e me complicar espiritualmente. Já me disseram que é meu carma e devo aguentar até o fim. O que eu faço?

Fases do atendimento:

A*TENDER*: À medida que aquela senhora ainda jovem narrava (com dificuldade) a sua experiência, eu me enchia de compaixão pelas angústias que expressava.

RESPONDER: O relato evoluiu com dificuldade em face das emoções desencontradas que deixava transparecer. Foi então que nos resolvemos por dar início aos esclarecimentos que deveriam aliviá-la.

Falamos da Doutrina Espírita e do conceito de *carma*, que é dinâmico, e não determinista ou fatalista, como erroneamente se pensa. Demos a visão espírita do Deus-amor, diferente do Deus-punição, e explicamos que a responsabilidade dos nossos atos, através do livre-arbítrio, é uma das maiores provas desse amor.

Falamos da colheita a partir da sementeira, que se dará de acordo com a nossa capacidade, limites e nível evolutivo; do reencontro de Espíritos através da reencarnação

para novas oportunidades de reparação e crescimento; da finalidade essencial da vida, que é aprendermos a nos amar, à medida que evoluímos.
— *No casamento o compromisso é mútuo* — dissemos-lhe.

PERSONALIZAR:

Sugerimos que se perguntasse: — *Eu quero, realmente, manter ou salvar este relacionamento? Já investi tudo o que podia para que isso aconteça? O que eu poderia fazer além do que já fiz, com esse objetivo?*
E que se examinasse com isenção de ânimo.

ORIENTAR: Orientamo-la no sentido de que, antes de tomar sua decisão, procurasse se harmonizar mais através da oração, frequência às reuniões, passes; que realizasse o Evangelho no Lar e procurasse envolver o companheiro e a família em vibrações de paz e mentalizações positivas.

Tentasse o diálogo carinhoso e evitasse o conflito. Pensasse nele como um doente (sem rancor, mas sim com piedade) e lhe propusesse a terapia médica e a espírita. Caso ele não aceitasse, auxiliasse-o, da maneira possível, independentemente da decisão de manter ou não o casamento.

COMENTÁRIOS:

É importante termos sempre em mente durante o atendimento uma de suas diretrizes: não nos compete induzir ou tomar qualquer decisão pelo assistido, respeitando o livre-arbítrio de cada um, fator preponderante na evolução individual. Devemos oferecer a palavra espírita, inclusive esclarecendo quanto a conceitos errôneos, ampliando, assim, a visão do problema e oferecendo alternativas de reflexão que auxiliarão na escolha, que é sempre individual e intransferível.

CASO 8 – ESTÁ BLOQUEADO, MAS QUER AJUDA

Tânia Hupsel

NARRATIVA:

– *Estou passando por problemas muito difíceis, mas não gostaria de relatá-los. São muito pessoais. Eu nem sei por que vim aqui, nunca fui muito religioso. Será que, mesmo assim, eu receberia algum tipo de ajuda?*

FASES DO ATENDIMENTO:

ATENDER: Tratava-se de um senhor de meia-idade, provavelmente em torno dos 45 anos.

Observando a sua ansiedade, procuramos inicialmente tranquilizá-lo, afirmando que respeitaríamos a sua opção de não relatar os problemas que o afligiam. Em seguida, para tranquilizá-lo ainda mais com relação a essa decisão, o felicitamos por ter recorrido a um Centro Espírita num momento de aflição.

RESPONDER: Pusemo-lo a par dos pontos básicos da Doutrina Espírita, esclarecendo-lhe como ela poderia auxiliar-nos, a todos nós, no equacionamento e solução dos problemas existenciais.

PERSONALIZAR: – *Não há necessidade de que saibamos o que se passa com você. O importante é que você saiba, da maneira mais completa possível, pois só então poderá realizar as transformações necessárias em si próprio e, consequentemente, em sua vida. Você não está só, e, assim como a Divindade soube trazê-lo até aqui, saberá como auxiliá-lo depois desse encontro de amizade. Procure dar um crédito de confiança a você mesmo e à sua fonte interna de sabedoria, conectada com Deus.*

ORIENTAR: – Caso se decida por um novo contato com a fé, por iniciar um aprendizado espírita, retorne aqui, o receberemos de braços abertos.

Comentários:

Aproveitamos o caso acima para recordar que, nos atendimentos habituais, precisamos evitar expor as pessoas a constrangimentos desnecessários, por isso não devemos estimular revelações de detalhes inoportunos e inúteis para o aconselhamento. Lembremo-nos de que muitos dos que nos procuram são, ou passarão a ser, frequentadores da mesma Casa Espírita e poderão se sentir incomodados ao nos reencontrarem em outras circunstâncias, arrependendo-se por certas confidências, mesmo sabendo da nossa diretriz de sigilo.

Durante atendimento semelhante ao presente caso, se por algum motivo sentirmos a necessidade de melhor esclarecimento para o aconselhamento, podemos solicitar ao assistido que relate o seu problema de uma maneira genérica, contudo respeitando sempre a sua decisão.

2ª PARTE

A EXPERIÊNCIA DO CENTRO ESPÍRITA CAMINHO DA REDENÇÃO

2ª PARTE

11

A EQUIPE

Uma equipe padrão de Atendimento Fraterno é composta basicamente de atendentes fraternos, recepcionistas, também chamados monitores, e passistas liderados por um coordenador.

Exige-se, para que se tenha uma qualidade de serviço razoável, que toda a equipe compreenda o papel a ser desempenhado pelos membros de cada uma das funções e tenha sido adequadamente selecionada e treinada para o exercício delas, promovendo-se avaliações e reciclagens para a troca de experiências, repasse de orientações úteis, além do estudo enfocando temas da Doutrina Espírita e assuntos correlatos com a atividade.

COORDENADOR

É muito próprio e natural que o coordenador do Serviço de Atendimento Fraterno seja indicado pela diretoria da Casa Espírita, pois se trata de uma função de confiança. Naturalmente que tal indicação será orientada por uma compreensão clara de que essa pessoa deverá possuir um conhecimento prático da tarefa, preferentemente por já tê-la executado ou se envolvido em outras de natureza idêntica, devendo pesar na indicação a condição de liderança natural conquistada perante o grupo, aliada ao conhecimento e afabilidade para bem conduzir o labor.

O coordenador tem a importante função de participar da montagem de sua equipe, escolhendo, ele mesmo, os recepcionistas e dirigindo o processo seletivo para atendentes fraternos.

Cabe-lhe, ainda, ser ponte entre os atendentes e os recepcionistas e entre ambos e a direção da Casa, além de promover e conduzir os estudos e as avaliações periódicas do trabalho, encaminhando, no final de cada exercício, os dados estatísticos para a direção.

ATENDENTES FRATERNOS

São as pessoas que se encarregam da orientação, acolhendo, ouvindo e ajudando os que buscam o serviço.

Por estarem mais profundamente envolvidas com a dor humana, devem merecer uma atenção toda especial da direção, a começar pelo processo de seleção, cujo primeiro passo consiste em determinar o perfil desejado para esses terapeutas (ver capítulo 4).

Em nossa Casa, aplicou-se a seguinte metodologia para seleção e treinamento de atendentes fraternos, a qual está produzindo excelentes resultados:

1 – Abertura de inscrições

Nas reuniões públicas, quando se informam os requisitos mínimos para a função. As pessoas que reúnam condições para a tarefa e já integradas à Casa são estimuladas a se candidatarem.

Trata-se de excelente oportunidade de crescimento para doutrinadores de Espíritos, evangelizadores e pessoas outras que lidam com atividades de orientação.

2 – Avaliação de candidatos

A proposta, em verdade, é para uma autoavaliação. Programam-se encontros, reunindo os candidatos com o coordenador, objetivando-se levá-los a perceber, por si mesmos, se estão aptos a exercer a função ou se têm potencial para assimilá-la.

Nesses encontros são dados os seguintes passos:

a) Apresentação dos objetivos, finalidades e alcance da função.

b) Elaboração, em grupo, do perfil do atendente fraterno, assinalando as qualidades e conhecimentos necessários ao exercício da função.

c) Comparação do perfil levantado pelo grupo com as propostas regimentais da Casa.

d) Elaboração de um perfil-síntese entrelaçando as duas propostas.

e) Autoavaliação propriamente dita. Cada candidato se declara apto, ou não, comparando o seu perfil pessoal com o perfil-síntese levantado pelo grupo.

Em nossa experiência, um número expressivo de candidatos desistiu por se considerar aquém das exigências propostas pelo grupo, colocando-se à disposição para atuar em outras funções.

Todos se declararam muito gratificados pela oportunidade de estudo que desfrutaram nos encontros realizados, não se registrando traumas nem expressões de desapontamento ou insatisfação.

3 – Entrevista dos pré-selecionados com o diretor

Como resultado, tirou-se um grupo para assumir imediatamente a função, outro para um cadastro de reserva e um terceiro que se incorporou voluntariamente a tarefas outras da Instituição, inclusive a de recepcionista.

Depois dessa etapa, iniciou-se um treinamento dirigido, composto de outras duas:

4 – Treinamento teórico

Feito em casa, por iniciativa própria, através da leitura de um livro indicado pelo coordenador, conforme diretrizes do capítulo 4. O estudo desse livro passou a ser obrigatório na formação dos grupos subsequentes e nas reciclagens.

5 – Treinamento prático

Através da análise de casos reais ou imaginários, em grupo, nas reuniões de avaliação e reciclagem realizadas mensalmente com os iniciantes, e a cada quatro meses com os mais experientes.

RECEPCIONISTAS:

O ambiente onde funciona o Serviço de Atendimento Fraterno dispõe de uma sala de recepção, três ou quatro gabinetes para o atendimento, e uma sala de palestras e aplicação de passes.

Os recepcionistas trabalham na antessala, mantendo o primeiro contato com o público, organizando o atendimento pelo critério estabelecido, distribuindo mensagens, informando, operando um aparelho de som ambiental, enfim, tudo procedendo para que as pessoas sintam-se agradavelmente acolhidas enquanto esperam a vez de serem atendidas.

O recepcionista, em nossa proposta, trabalha em função do Atendimento Fraterno exclusivamente, em local reservado e apropriado para este objetivo. Não se trata, aqui, de uma recepção para as pessoas que vêm ao Centro Espírita pela primeira vez, à feição de um serviço de relações públicas, mas um serviço que atende especificamente indivíduos problematizados e que estão buscando espontaneamente o apoio do Atendimento Fraterno.

Em nossa experiência de treinamento, muitos candidatos não aproveitados para a função de atendente fraterno se sentiram perfeitamente adaptados como recepcionistas.

A escolha dos recepcionistas é de responsabilidade do coordenador do setor.

Passistas:

São preparados através de cursos específicos. Durante os encontros do setor participam de treinamentos adicionais a fim de se manterem atualizados.

Os passistas servem a outros setores da Casa.

12
A DINÂMICA DO ATENDIMENTO

A Equipe do Projeto

O Atendimento Fraterno, em nossa Casa, é precedido sempre de uma preparação básica, composta de prece, leitura, comentário e aplicação de passes.

É desejável que se mantenha mais de um atendente fraterno por plantão, compatibilizando-se o número deles com a demanda de público.

As pessoas a screm atendidas serão encaminhadas por ordem de chegada, indistintamente, para o atendente que primeiro se disponibilize, não lhes sendo facultado escolher, entre os plantonistas do dia, aquele de sua predileção.

Esta sistemática tem a grande vantagem de não estimular as preferências pessoais, valorizando-se muito mais o serviço, por suas qualidades, do que as pessoas que o executam. Não queremos com isso dizer que essas pessoas não sejam importantes – porque, em verdade, o são, conforme transparece de todo esse investimento que propusemos linhas atrás para prepará-los –, mas afirmar que o coletivo, a tarefa, o idealismo estão em primeiro lugar.

Não estimulamos o retorno dos atendidos. É claro que qualquer um, em se sentindo inseguro e necessitado de um novo esclarecimento, poderá voltar para uma orientação adicional, e quantas vezes desejar. Mas, ainda nesses casos, se submeterá ao critério aleatório do trabalho, não podendo exigir que seja ouvido pela mesma pessoa que o assistiu anteriormente.

Tal critério vai na mesma linha anterior (de não marcar retorno), preservando o serviço das preferências e os atendidos de vincularem-se a pessoas, verdadeiras *muletas psicológicas* que, em regra, são criadas à margem dessas relações demoradas e repetidas. Nunca deverá se esquecer de que a Doutrina Espírita, no seu aspecto filosófico, ensina cada criatura a encontrar o caminho de sua libertação moral-espiritual sem a dependência de terceiros, pois cada um carrega a cruz que construiu para si mesmo. Jesus, o Excelente Filho de Deus, deu-nos o exemplo na caminhada para o Calvário libertador: o Cireneu que O socorreu, em decorrência do peso da cruz que carregava, não a colocou no seu próprio ombro para transportá-la ao local da crucificação. Foi o próprio Mestre quem o fez com extraordinário estoicismo.

Não há inconveniente algum em o cliente que retorna, estando diante de outro atendente, começar a narrativa de seu problema assim:

– *Estive com Fulano, seu colega de atendimento, mas como estou precisando de uma reavaliação das dificuldades que estou enfrentando, em face do desdobramento natural dos fatos, aqui estou para lhe pedir apoio.*

Ao que o atendente fraterno responderá com tranquilidade:

– *Pois não. Coloque-me a par, resumidamente, de sua problemática, e dos passos que foram tomados até aqui, para que eu me situe e possamos encontrar, juntos, uma solução viável.*

E tudo correrá num bom clima, sem qualquer constrangimento.

Naturalmente que este segundo atendente tomará o cuidado necessário para não emitir julgamento crítico com relação à orientação anterior, preservando-se das insinuações emanadas dos próprios pacientes, no desconcerto que ainda os caracteriza.

O tempo de duração de cada atendimento poderá situar-se entre 15 e 30 minutos. Até porque não estamos fazendo um atendimento à feição de uma sessão de psicanálise, pois essa não é a finalidade do Atendimento Fraterno. Sua proposta, como já vimos no início, é ouvir e orientar à luz do Espiritismo, procurando sempre envolver o atendido no compromisso de assumir o que for necessário, o que for bom e justo fazer a benefício de seu despertamento espiritual. Havendo traumas profundos a remover, necessidades de atendimentos nas áreas médica e psicológica, o atendido poderá ser conscientizado quanto à necessidade de buscá-los fora do Centro Espírita, com profissionais especializados, escolhendo, ele mesmo, aquele de sua preferência.

O que interessa no Atendimento Fraterno são os fatos principais e a definição clara de como a pessoa que busca auxílio está sentindo-se, para que comece a descobrir-se e, com a ajuda que se lhe oferece, naquela oportunidade, abrir-se a um momento novo em sua vida.

Tempo excessivo gasto na colocação de problemas pode redundar em extravasamento exagerado de emoções, queixas e repetições inócuas, dificultadoras para a transmissão das orientações, sem falarmos nos problemas de ordem prática relacionados com a ordem do serviço, que deve assegurar oportunidades de atendimento para todos. Isso só é possível com a disciplina do tempo, para que não se estabeleçam na sala de recepção a impaciência e a inquietação entre os que esperam a vez de ser atendidos.

Existindo, na Casa Espírita, um companheiro mais experiente (ou mais de um) e que exerça liderança inquestionável sobre o grupo, que se destaque por uma qualificação de grande competência e se distinga por valores afetivos e intelecto-morais expressivos, essa pessoa poderá funcionar como um orientador especial para quem os casos mais complexos sejam encaminhados, de acordo, naturalmente, com certos critérios ou ordens de trabalho adredemente estabelecidos. Constituir-se-á, esse líder, um canal, um recurso para que se divida um pouco a responsabilidade com o trato das vidas alheias. Digamos, uma instância superior para a qual se pode recorrer de modo a melhorar-se a qualidade do serviço e minimizar erros. No Centro Espírita Caminho da Redenção assim procedemos.

Nessa instância especial de atendimento, admite-se esporadicamente a recomendação de retorno, a critério exclusivo de quem por ela é responsável, a título de estímulo e como demonstração de interesse legítimo para aprofundar a ajuda.

Depois, a relação deve transferir-se para o convívio normal do Centro Espírita, se o atendido conseguir sensibilizar-se com a orientação e a ele se vincular.

A situação mais comum nas casas espíritas que disponham desses orientadores mais abalizados e seguros, lideranças autênticas (principalmente quando médiuns), é que esses companheiros sejam procurados por um número significativo de necessitados, ficando sobrecarregados e impossibilitados de exercer um bom trabalho, por falta do tempo mínimo que cada caso requer.

A qualidade do trabalhador estimula a demanda, que acaba prejudicando a qualidade do serviço. Daí resultam os constrangimentos das filas, as reclamações, fruto da impaciência que sempre se exacerba naquele que não está bem e que carrega na mente o seu problema, para ele maior do que todos os demais. Criando-se um serviço em duas instâncias, com um número adequado de atendentes, em condições de dar assistência preliminar para os casos mais graves e definitiva para os mais simples, otimiza-se o atendimento, assegura-se assistência de qualidade para o maior número possível de pessoas, cada uma conforme o seu grau de necessidade.

Cuidados especiais devem ser mantidos para não caracterizar o Atendimento Fraterno como serviço que exista tão só e exclusivamente para fazer triagem de casos a serem encaminhados para o companheiro mais experiente a que nos referimos. Não. O Atendimento Fraterno deve realmente orientar e ser visto como serviço que tem fundamentalmente esse papel, não sendo por outra razão que deverá ser executado por pessoas experientes, respeitáveis e respeitadas no grupo, integradas na Casa Espírita com outras qualificações que já tivemos a oportunidade de mencionar em capítulos anteriores.

O Atendimento Fraterno não tem como finalidade fazer prosélitos. De igual modo, não se deve converter em consultório psicológico, atendendo a alguns de forma preferencial e exclusiva e, por isso mesmo, dificultando o acesso a outros que dele têm necessidade. Não há como contemporizar: uma forma de atender é impeditiva e bloqueadora da outra; se atendemos aos mesmos sempre, outros ficarão sem acesso.

O número sempre crescente de pessoas necessitadas de consolo, orientação e apoio que buscam o Centro Espírita vem-se tornando um desafio para que ele multiplique os seus serviços, mantendo-se de portas abertas todos os dias com plantões conjugados de Atendimento Fraterno e de passes.

Registros

O que registrar, no serviço de Atendimento Fraterno, deve ser sempre em função daquilo que se quer avaliar em termos de pesquisa ou de estatística.

Se quisermos pesquisar, teremos que obter dados compatíveis com a finalidade e natureza da própria pesquisa. Poderemos colocar idade, profissão ou qualquer outra informação desde que saibamos para e por que estamos tomando semelhantes dados. Anotar por anotar não tem cabimento.

Caso queiramos uma estatística numérica, para fins de relatório anual, deverá ser anotado apenas o necessário à quantificação de atendimentos realizados.

No Centro Espírita Caminho da Redenção evitamos o excesso de burocracia, as fichas complexas e detalhadas. No Apêndice que reservamos para o Regimento, o leitor poderá inteirar-se de nosso procedimento.

Uma coisa é certa: o trabalho do Atendimento Fraterno tem compromisso com a discrição e o anonimato, por força de um impositivo ético que é comum a todas as disciplinas voltadas para a saúde física ou moral da criatura humana. Uma regra simples a observar: se identificarmos a pessoa, não podemos deixar gravado o seu problema; se gravarmos o problema, não podemos identificar a pessoa.

Um cuidado adicional para as anotações que o atendente fraterno tenha que fazer: que o faça após o atendimento, e não na frente do atendido, para não dispersar a atenção, nem quebrar os liames emocionais da relação estabelecida.

Havendo interesse por parte do atendente em anotar uma experiência interessante, num caso rico de lições, com detalhes necessários, para fins de estudo nas reuniões de avaliação, que o faça em casa registrando em uma caderneta pessoal. Para muitos de memória eficiente bastará guardá-los na mente e no coração.

RELAÇÃO COM OS PASSES

Colocamos como pré-requisito do atendente fraterno a habilidade para aplicar passes, porque, havendo necessidade, poderá complementar a sua ação socorrendo o atendido com aplicação de bioenergia. Deve-se ter em mente, todavia, que tais fatos serão sempre raros e ocasionais, restritos a casos em que a pessoa ouvida se encontre num estado acentuado de desorganização física ou emocional. Ainda assim, é preciso a aquiescência da pessoa que está sendo atendida, pois não é raro ela desconhecer o que sejam os passes, principalmente quando não for espírita, e não se sinta confiante o suficiente para se entregar a uma terapia alternativa a que não está acostumada.

Respeito ao outro é básico no Atendimento Fraterno.

No caso de desequilíbrio instalado, os passes se tornam indispensáveis.

Quando a Casa Espírita possui um serviço de passes regular, com plantões periódicos, é de bom alvitre que as pessoas, antes do passe, sejam orientadas no Atendimento Fraterno.

Essa conscientização poderá ser feita coletivamente nas reuniões de assistência espiritual, quando estas antecedem a entrevista. Atualmente assim procedemos, levados que fomos pela grande quantidade de pessoas à procura do passe.

Ambas as formas de proceder (passe antes ou depois da entrevista) são válidas, pois se o atendimento fraterno prepara o cliente para o passe, igualmente é justo pensar que a oração, o esclarecimento doutrinário e o passe também preparam o cliente para o atendimento fraterno.

Tal orientação será extremamente benéfica, sob os seguintes aspectos a considerar:

1º) – Orientação quanto à real necessidade de tomar passe:

Não são poucos os que recorrem a essa terapia por hábito, sem realmente estar precisando dela; muitos afirmam, supersticiosos, que tomam passe como um preventivo contra os futuros problemas que poderão advir. O atendente fraterno promoverá uma conscientização dessas pessoas, redirecionando o interesse delas para as reuniões doutrinárias e de estudo.

2º) – Orientação quanto à conveniência do tratamento médico:

Essa é outra conscientização importante a se fazer, quando necessária. Os atendidos não se dão conta disso por julgarem ser o passe suficiente para restituir-lhes a saúde e o equilíbrio, negligenciando o tratamento especializado.

3º) – Orientação de como se portar ante o passe:

Sempre há alguma coisa a dizer àqueles que buscam a terapia pelos passes, quando nada ensinando aos neófitos e pessoas desinformadas a postura correta antes, durante e depois do passe, a fim de que os resultados tenham êxito.

Não é raro pessoas assoberbadas de conflitos e inquietações íntimas, que à Casa Espírita recorrem em busca tão somente do benefício do passe, abrirem-se a uma conversação edificante, aliviando pressões internas e facilitando, destarte, a ação da bioenergia, que vai apenas complementar o trabalho terapêutico já iniciado.

APÊNDICE
REGIMENTO

APÊNDICE – REGIMENTO

1 – Da direção e da constituição das equipes

1.1 – O setor "Atendimento Fraterno" será dirigido por um coordenador, indicado pelo diretor do Departamento Doutrinário, e designado pelo presidente da Diretoria do CECR, na forma do artigo 15, inciso IV do Estatuto, para período idêntico àquele conferido ao diretor do departamento aludido, salvo motivo relevante que torne indispensável a substituição do referido titular antes do término do mandato.

1.2 – Na ausência do coordenador, o setor será dirigido interinamente por um dos membros da equipe, indicado pelo diretor do Departamento Doutrinário.
O setor atuará por meio de equipes, cada uma delas composta pelas seguintes funções:
- Supervisor de equipe
- Atendente fraterno
- Passista
- Recepcionista

1.3 – Na medida do possível, todos os membros de cada equipe serão treinados para exercer todas as tarefas, de modo que possam preencher lacunas, a critério do coordenador, visando à formação de equipes multidisciplinares.

2 – DAS ROTINAS DE FUNCIONAMENTO

2.1 – As atividades do setor funcionarão nos dias e horários previamente estabelecidos pela direção do Departamento Doutrinário, em conjunto com a coordenação do setor, ouvida a Diretoria Executiva do Centro.

2.2 – DESCRIÇÃO DAS FASES DE QUE SE COMPÕE A ASSISTÊNCIA ESPIRITUAL

2.2.1 – *Palestra evangélico-doutrinária:* duração total de até 15 minutos assim distribuídos:
– Saudação ao público e prece: 2,5 minutos
– Leitura de mensagem: 2,5 minutos
– Comentário: 10 minutos.

2.2.2 – *Passes:* o tempo reservado para os passes é de 7 minutos. Após o comentário evangélico, os passistas se acercarão das pessoas presentes e aplicarão passes individuais, fluidificando, em seguida, a água.

– Obs.: Caso o supervisor da equipe constate que o número de passistas é insuficiente para aplicar o passe em todos, individualmente, no tempo disponível, determinará a aplicação de passes coletivos.

Durante os passes uma pessoa da equipe indicada pelo supervisor faz as vibrações.

2.2.3 – *Atendimento Fraterno:* cada atendimento terá a duração de 30 minutos, no máximo, e será realizado simultaneamente às palestras, depois da primeira.

– Os interessados serão encaminhados por ordem de chegada, não podendo direcionar escolhas de determinados atendentes fraternos em detrimento de outros.

– Será adotado como roteiro e manual básico das atividades do setor o livro *Atendimento fraterno*, do Projeto Manoel P. de Miranda, e como diretrizes de funcionamento a trilogia ESPIRITIZAR, QUALIFICAR e HUMANIZAR, prevista pela mentora Joanna de Ângelis, que deverá ser sempre difundida entre todos os componentes do setor.

2.3 – Supervisor

Cada dia da semana terá um supervisor, escolhido entre os membros da equipe, que exercerá essa atividade durante um ano, visando ao rodízio entre os demais componentes, para fins de aprendizado, permitida a recondução por mais um período, por conveniência da atividade.

3 – DAS ATIVIDADES E COMPETÊNCIAS

3.1 – *Compete ao coordenador do setor:*
– Cumprir e fazer cumprir este Regimento.
– Reportar-se, em qualquer assunto do setor, preliminarmente, à direção do Departamento Doutrinário.
– Definir, sempre em conjunto com a direção do Departamento Doutrinário, os procedimentos que serão aplicados para funcionamento do setor, inclusive quanto ao método decisório de encaminhamento de atendidos para Divaldo.
– Propugnar, na sua área de atuação, pela formação e exemplificação espírita dos colaboradores de suas atividades.
– Propugnar pela integração e participação dos colaboradores e/ou beneficiários das tarefas do Atendimento Fraterno nas atividades do Centro Espírita Caminho da Redenção.

– Inter-relacionar-se com os demais setores de trabalho do CECR, desempenhando o seu papel e contribuindo com o funcionamento do conjunto, como um todo.

– Elaborar o relatório anual de atividades desenvolvidas pelo setor, apresentando-o à direção do Departamento Doutrinário.

– Propor à diretoria do Departamento Doutrinário a criação de atividades ligadas ao setor, as quais, após análise de viabilidade, serão enviadas à Diretoria Executiva para aprovação.

– Zelar e supervisionar a conservação, guarda e utilização dos ambientes e dos bens patrimoniais de uso direto do setor.

– Criar e dinamizar a realização de cursos de formação, de reciclagem, encontros, seminários e outras práticas pedagógicas necessárias à aprendizagem teórica e ao aperfeiçoamento prático dos supervisores, atendentes fraternos, passistas e monitores do setor.

– Objetivar sempre, na coordenação, uma visão diretiva compartilhada, promovendo o espírito de equipe, a decisão colegiada.

– Acompanhar e supervisionar as atividades do setor, promovendo meios de diagnosticar a qualidade dos serviços prestados ao público, visando sempre à sua melhoria contínua.

– Definir com a direção do Departamento Doutrinário o conteúdo programático dos cursos de formação e de atualização para os membros do setor.

3.2 – *São atribuições do supervisor de equipe:*
– Cumprir e fazer cumprir este regimento.

– Supervisionar a atividade de sua equipe, quanto aos recursos humanos, materiais etc., indispensáveis ao seu desenvolvimento, abrindo as atividades diárias com a presença dos demais membros da equipe.

– Realizar as palestras, ou indicar outro membro da equipe para esse fim.

– Orientar as atividades, de modo que transcorram na forma recomendada, sobretudo as previstas no livro *Atendimento fraterno*, não permitindo improvisações que destoem da qualidade doutrinária programada para o setor.

– Supervisionar o comportamento de frequentadores, não permitindo algazarras.

– Transferir a incumbência da supervisão, quando estiver impedido de exercê-la.

– Comunicar ao coordenador do setor quaisquer situações que extrapolem sua alçada e careçam de decisão imediata.

– Supervisionar as anotações dos livros de controle do setor, adiante especificados.

– Estar informado sobre os dias em que Divaldo atenderá, para fins de encaminhamento de casos mais complexos e carentes de um atendimento mais especializado.

– Encerrar os trabalhos do dia providenciando a guarda de todos os materiais e livros utilizados, deixando o ambiente devidamente arrumado, com luzes e aparelhos desligados.

– Recorrer, ou encaminhar, quando necessário, à Caravana Auta de Souza, e outros setores da Instituição ou da comunidade, pessoas que procurem o atendimento por problemas materiais, de alimentação, de saúde física etc.

– Providenciar atendimento em separado para pessoas apresentando desarmonias tais que impeçam a sua permanência no salão de palestras e passes, destacando pessoas da equipe para ajudá-las. Obs.: Quando essas pessoas vierem acompanhadas, orientar o acompanhante ou destacar atendente fraterno para fazê-lo, com relação a providências posteriores que devam ser tomadas.

– Quando do encerramento das atividades do dia, verificar se o total de encaminhamentos do dia, registrados no livro nº 2, é igual ao somatório dos encaminhamentos registrados nos livros de registros de atendimento individual utilizados naquele dia.

3.3 – *São atribuições dos atendentes fraternos:*
– Seguir as recomendações deste regimento e do livro *Atendimento fraterno*.

– Atender aos candidatos a entrevistas.

– Após o atendimento, anotar no Registro de Atendimento Individual os seguintes dados: número da ficha, se é a primeira vez ou se está retornando, a razão do retorno, a natureza do problema principal, o estado do atendido e se deve ser encaminhado para Divaldo.

– Fornecer, se for o caso, a Ficha para Atendimento por Divaldo, recomendando ao atendido mantê-la consigo para apresentá-la a Divaldo na hora do atendimento. Em seguida, conduzir o atendido à mesa do monitor, solicitando o registro do contato a ser feito com Divaldo, no Registro de Encaminhamento para Divaldo.

– Participar da abertura diária dos trabalhos, na sala destinada às palestras, e do encerramento geral do dia.

– Reportar-se e consultar o supervisor da equipe no caso de dúvidas e de atendimentos que possam vir a ser considerados como passíveis de uma decisão com a participação da supervisão.

– Relatar ao supervisor da equipe quaisquer dificuldades ou ocorrências que estejam complicando a sua tarefa.

– Procurar sempre ter uma visão global da atividade, colaborando de forma participativa e integrada.

– Participar, quando convidado, dos cursos e encontros para reciclagem, reuniões de avaliação e outros eventos promovidos pelo Departamento Doutrinário.

– Frequentar as reuniões doutrinárias da Instituição.

– Manter um permanente programa pessoal de leitura e estudo das obras básicas do Espiritismo.

– Aplicar passes, reforçando a equipe dos passistas, quando estes forem em número insuficiente.

– Atender a convocações do supervisor da equipe para outras tarefas do serviço, desde que se sinta capacitado para executá-las.

3.4 – *São atribuições dos passistas*:

– Seguir as recomendações previstas para os atendentes fraternos e que sejam aplicáveis à sua função.

– A partir do momento em que forem colocados à disposição do Setor de Atendimento Fraterno, seguirem as orientações e diretrizes da coordenação do setor, inclusive do supervisor da equipe, reportando-se ao setor de Passes, quando necessário, através desses últimos, visando a preservar o princípio da unidade de coordenação.

– Manter um permanente programa pessoal de leitura e estudo das obras básicas do Espiritismo.

– Participar da abertura diária dos trabalhos e do encerramento.

– Atender às convocações do supervisor da equipe para outras tarefas do serviço, desde que se sinta capacitado para executá-las.

3.5 – *São atribuições dos recepcionistas:*

– Seguir as recomendações previstas para atendentes fraternos e passistas que sejam aplicáveis à sua função.

– Recepcionar as pessoas que desejam o diálogo fraterno, fornecendo-lhes a Ficha de Controle de Chamada por ordem de chegada, e recolhendo-a depois da entrevista.

– Anotar no Livro nº 1 – Registro Geral, de forma cronológica, os seguintes dados referentes a cada pessoa que vai ser atendida: nome completo, sexo, endereço e, por fim, se é o primeiro atendimento ou retorno

– Registrar no Livro nº 1 a equipe de trabalho que atuou no dia (recepcionista, passistas e atendentes fraternos), bem como a quantidade de pessoas atendidas.

– Manter o ambiente em harmonia, evitando conversas, aglomerações, barulhos, mas sempre se dirigindo ao público de forma gentil, amável, recorrendo ao supervisor da equipe quando necessário.

– Atender convocações do supervisor da equipe para outras tarefas do serviço, desde que se sinta capacitado para executá-las.

4 – DO RECRUTAMENTO DE ATENDENTES FRATERNOS, PASSISTAS E MONITORES

4.1 – Os atendentes fraternos e os monitores serão recrutados, preliminarmente, junto aos membros do setor, grupos de estudo, grupos mediúnicos e outros trabalhadores do Centro.

4.2 – Antes do recrutamento, a coordenação do setor, juntamente com a coordenação do Departamento

Doutrinário, elaborará um documento em que serão delineados:
- Os motivos do recrutamento.
- O quantitativo de novos colaboradores desejado (número de vagas, inclusive reserva).
- O perfil desejado para os candidatos (pré-requisitos básicos).
- A forma de inscrição e a forma da seleção (entrevista, curso de formação, estágio).
- A apresentação do resultado à Diretoria do CECR.
- A divulgação do resultado.
- A fase de adaptação dos novos atendentes e integração com a equipe e a fase de estágio prático.

4.3 – O recrutamento para atendentes fraternos e recepcionistas será divulgado internamente, através de circular, destacando:
– Qual a atividade do cargo (atendente, monitor).
– Dias e horários de exercício da atividade.
– Pré-requisitos.
– Forma de inscrição.
– Etapas da seleção.

4.4 – Somente no caso de inexistir candidatos entre os trabalhadores do Centro é que será realizado o recrutamento, junto a frequentadores, definindo-se, previamente, o perfil mínimo desejado de cada candidato, que deverá constar do texto da circular.

4.5 – Os passistas serão recrutados junto ao Setor de Passes do Centro, definindo-se, junto àquele setor, o perfil desejado para os passistas do Atendimento Fraterno.

5 – Das condições para afastamento

5.1 – ABSENTEÍSMO – faltar duas vezes sem aviso ou sem providenciar substituto ao seu plantão de trabalho.

5.2 – IMPROBIDADE – cometer falta moral grave ou comportamento social habitual incompatível com os objetivos do trabalho.

5.3 – Os casos que sugiram possibilidade de afastamento, como acima explicitado, serão examinados pelo coordenador do setor e pelo diretor do Departamento Doutrinário, levando-se ao conhecimento do presidente da Diretoria Executiva a decisão mais aconselhada.

6 – Considerações gerais

6.1 – As atividades do setor deverão funcionar normalmente em todos os dias do ano. Somente em casos excepcionais, previstos com antecedência, as atividades serão suspensas, ouvida a direção do Departamento Doutrinário, estabelecendo-se, mesmo nesses casos, um *plantão* especial, visando a atender pessoas que eventualmente possam comparecer, além de avisos que serão dados nas reuniões públicas.

6.2 – O Setor de Atendimento Fraterno poderá sugerir *aditivos* a este regimento, mediante exposição de motivos, que será submetida à apreciação do diretor do Departamento Doutrinário e à homologação da Diretoria Executiva do Centro Espírita Caminho da Redenção.

Anotações

Anotações

Anotações

Anotações

Anotações

Anotações